Für immer
Neuseeland

Peter Hahn

Für immer

Neuseeland

Erfolgreich auswandern

Fakten, Tipps & Beispiele aus der Praxis

Fotos & Porträts: Anja Schönborn

MANA

Bibliografische Informationen der Deutschen Bibliothek
Die Deutsche Bibliothek verzeichnet diese Publikation in der Deutschen Nationalbibliografie;
detaillierte bibliografische Daten sind im Internet über http://dnb.ddb.de abrufbar

2. aktualisierte Auflage

Satz und Layout:
Chronik Press im MANA-Verlag
Satz- und Layoutkonzeption, Umschlaggestaltung:
tomcom; www.tomcom-online.de
Druck: Veiters
ISBN: 978-934031-77-7

Fachinformationen
Peter Hahn
(Jurist und Einwanderungsberater)

Porträts, Bilder & Coverfoto
Anja Schönborn

Vorwort
Peter Hahn

Vorwort

Es scheint keine Woche zu vergehen, in der nicht eine Familie im deutschen Fernsehen auswandert. Seit der Titelgeschichte »Der Traum vom Auswandern« im »Stern« im Jahre 2003 ist das Interesse in den Medien an Auswanderungsthemen nicht abgebrochen. Der Deutschlandfrust ist groß genug, um Scharen vor die Flimmerkiste zu treiben, wo dann wildfremde Menschen dabei gefilmt werden, wie sie ihr Hab und Gut in Kisten packen, dann in den Container, ins Flugzeug steigen, am anderen Ende der Welt ankommen, Auto kaufen, Haus beziehen und anfangen zu arbeiten. So jedenfalls kann ich die Sendungen zusammenfassen, bei denen ich als Einwanderungsberater kurz ins Bild kam.

Ob der Deutschlandfrust auch groß genug ist, um selber den Schritt in die Ferne zu wagen, steht natürlich auf einem ganz anderen Blatt. Aber vielleicht hat ja das Fernsehen seine ganz eigene Dynamik entwickelt, und zwar sowohl bei den Protagonisten im Fernsehen als auch bei den Zuschauern:

Die Auswanderer vor der Kamera können durch das Fernsehen leicht den Fokus verlieren. Das Fernsehen und der ganze damit verbundene Trubel kann leicht vom eigentlichen Thema – der Auswanderung – ablenken. Auf einmal ist der Sendetermin wichtiger als die zeitliche Koordinierung der einzelnen Auswanderungsschritte. Ich werde auch den Verdacht nicht los, dass manch einer (ob bewusst oder unterbewusst) der Illusion erliegt, wenn das Fernsehen dabei ist, dann kann schon nichts schief gehen – als ob ein *happy end* im Drehbuch festgelegt wäre.

Viele Zuschauer fühlen sich durch die Auswanderungsgeschichten im Fernsehen ermutigt – nach dem Motto, wenn der Junge das hinkriegt, ohne ein Wort Englisch zu sprechen, dann kriege ich das erst recht hin! Das kann richtig sein, muss aber nicht! Erfolgreiches Auswandern wird nicht daran gemessen, ob man am Anfang Sprachschwierigkeiten hatte, ob der Container rechtzeitig angekommen ist oder ob man gleich einen Job gefunden hat. Nein, ob eine Einwanderung erfolgreich ist, lässt sich erst beantworten, wenn man auch nach Jahren noch glücklich in seiner neuen Heimat lebt. Ob die erste Unterkunft kalt war und die Kinder müde nach der langen Reise, ist dann nicht mehr wichtig!

»Nur aus Deutschland weg zu wollen, reicht nicht aus, um wirklich in Neuseeland anzukommen«
Peter Hahn

Für immer Neuseeland will weder Deutsche aus ihrer Heimat weglocken noch Neuseeland als Paradies auf Erden anpreisen. Am Anfang jeder Auswanderung steht ein Traum, eine Idee oder Wunschvorstellung, sein Leben zu ändern und wenn es geht, zu verbessern. Ob der Traum zur Realität wird oder ob im schlimmsten Fall ein Albtraum daraus wird, sollte nicht dem Glück allein überlassen werden. Für immer Neuseeland will im Idealfall den Einwanderer zum Schmied seines eigenen Glücks machen oder als Mindestvorgabe dafür sorgen, dass Realität und Erwartungshaltung nicht zu weit auseinanderklaffen!

Beschrieben werden auch die verschiedenen Wege, die zum Ziel führen. Dementsprechend bildet die Dreiteilung des Buches in Der Traum / Der Weg / Das Ziel den Leitfaden.

Die erste Auflage aus dem Jahre 2006 war schneller vergriffen als vermutet, ein Indiz für das starke Interesse an seriösen Informationen über Neuseeland. Die zweite Auflage zu schreiben hat länger gedauert als erwartet, da die Beratung immer mehr Auswanderungswilliger kaum noch Zeit zum Bücherschreiben lässt.

In der neuen Auflage wurden nicht nur die Einwanderungsvorschriften und andere Daten und Fakten aktualisiert, sondern das Buch ist auch dicker geworden – soll heißen: mehr und ausführlichere Informationen für Sie, den Leser. Die Einwanderungsporträts habe nicht ich geschrieben, sie stammen von der in Neuseeland lebenden Journalistin Anja Schönborn. Für die freundliche Bereitstellung der schönen Porträts möchte ich mich an dieser Stelle besonders bedanken! Dank gebührt auch Peter Tetzlaff, der mir bei der Zusammenstellung der Informationen zu den Themen Gesundheitssystem und Versicherungen sehr geholfen hat!

Die jährliche Einwanderungsquote ist von der Regierung auf 50.000 festgelegt worden.

Bei all dem Informationsinteresse sollte man meinen, dass Neuseeland von deutschen Einwanderern überflutet wird! Die tatsächlichen Zahlen beweisen aber das Gegenteil – Einwanderer aus Deutschland werden mit circa ein bis zwei Prozent gerade so von den Statistiken erfasst. Großbritannien bringt mit über zwanzig Prozent immer noch die meisten Einwanderer nach Neuseeland. Die jährliche Einwanderungsquote ist von der Regierung auf 50.000 festgelegt worden. Ob Sie dazugehören (wollen), ist nicht nur Ihre Entscheidung, sondern auch die Entscheidung von *Immigration New Zealand*, der neuseeländischen Einwanderungsbehörde. Wenn Sie nach der Lektüre des Buches in den Punkten Entscheidungsfindung und Einwanderungsvorschriften schlauer geworden sind, dann sollen meine Mühen nicht umsonst gewesen sein.

Peter Hahn

Wasserfalldetail im Milford Sound

Der Traum

Warum Neuseeland? 1

Was treibt Menschen aus einem der reichsten Staaten der Welt auf zwei Inseln im Südpazifik? Die Motive reichen von Arbeitslosigkeit bis Abenteuerlust. Neuseeland zieht Einwanderer aus allen Teilen der Welt an. Für Inder, Chinesen und Filipinos zum Beispiel ist Neuseeland oft nur zweite Wahl. Sie wollen lieber in den reichen Westen, nach Amerika, Kanada oder England – auf der Suche nach den unbegrenzten Möglichkeiten. Wer dort an den Einwanderungsgesetzen scheitert, versucht es häufig in Neuseeland. Oft haben diese Auswanderer vorher noch nie etwas von Neuseeland gehört. Erst im Laufe ihrer Recherche nach Auswanderungsoptionen sind sie auf Neuseeland gestoßen.

Und dann gibt es natürlich noch die Briten, Iren und Schotten, die schon immer die Hauptquelle des Einwanderungsstroms waren. Seit Mitte des 19. Jahrhunderts wurde Neuseeland überwiegend von Großbritannien aus bevölkert. Vorher trieb es eigentlich nur Entdecker, Missionare, Walfänger, Goldsucher und andere Abenteurer auf die beiden Hauptinseln. 1840 wurde Neuseeland eine Kolonie der britischen Krone. Für die Briten, die heute nach Neuseeland auswandern, ist es daher nicht so außergewöhnlich, wie es wohl für die meisten Deutschen ist. Oft haben sie Verwandte oder Freunde, die schon in Neuseeland sind. Zumindest aber können sie ein vertrautes Umfeld erwarten. Der »Kulturschock« wird sich in Grenzen halten, da Neuseeland britisch geprägt ist. Das Hauptmotiv für die meisten Briten ist der bessere Lifestyle, den sie in Neuseeland erwarten.

Seite 14: Muschelstrand in Neuseeland

Aber wie sieht es mit den doch meist als bodenständig eingeschätzten Deutschen aus? Was treibt etwa 400 Deutsche pro Jahr nach Neuseeland? Die Suche nach einem besseren Lifestyle ist sicher auch bei den Deutschen ein wichtiges Motiv. Man hat einen schönen Urlaub in Neuseeland verlebt und hat die Kiwis um ihr Land und ihren Lifestyle beneidet. Man will einfach mal anders leben als in Deutschland. Raus aus dem Trott! Innerhalb Deutschlands ist es für viele schwer, sich zu verändern – den einmal eingeschlagenen Lebensweg umzuleiten. Da ist es oft einfacher, ans andere Ende der Welt zu ziehen und wieder von vorn, diesmal anders, anzufangen. Das positive Neuseelanderlebnis ist oft der Auslöser, eine solch drastische Lebensänderung herbeizuführen. Dies tritt jedoch immer häufiger in den Hintergrund. Im Vordergrund stand in den letzten Jahren bei vielen einfach der Wunsch: weg aus Deutschland. Wohin, ist fast zweitrangig. Hauptsache weg! Viele ziehen mit Sack und Pack um, ohne jemals vorher einen Fuß auf eine der Inseln im Südpazifik gesetzt zu haben. Man hat sich – typisch 21. Jahrhundert – am Computer informiert. Ähnlich wie bei einer Beziehung, die man im Internet geknüpft hat, glaubt man, das Land schon genau zu kennen, ohne es je gesehen zu haben. Das kann, genau wie bei dem Traumpartner aus dem Internet-Forum, klappen oder in die Hose gehen. Ich vermute, dass – um den Vergleich weiter zu strapazieren – ähnlich wie bei den Internet-Beziehungen die überwiegende Mehrheit einfach nur flirtet, mit dem Gedanken spielt, aber den großen Schritt dann doch nicht wagt. Anders als bei den rund 4.000 Briten, die jährlich nach Neuseeland übersiedeln, ist die Ungewissheit einfach zu groß. Man ist eben doch zu bodenständig!

Das positive Neuseelanderlebnis ist oft der Auslöser, eine solch drastische Lebensänderung herbeizuführen.

Ein weiteres Phänomen hat sich in den letzten Jahren herauskristallisiert: die Auswanderung aus beruflichen Gründen. Die schwache Wirtschaft in Deutschland, die behördlichen Hindernisse und die hohe Arbeitslosigkeit treibt manchen dazu, sich in Neuseeland nach besseren beruflichen Möglichkeiten umzuschauen. Meist ist es nicht die Arbeitslosigkeit selber, die die Leute nach Neuseeland treibt – eher die Sorge, dass es in Zukunft noch schlechter wird, oder der Wunsch, seinen Kindern eine bessere (berufliche) Zukunft in einem wirtschaftlich vermeintlich besseren Klima zu bieten. Oder man will einfach mal wieder in seinem erlernten Beruf arbeiten. In Deutschland arbeitet mancher Handwerker irgendwo als Sachbearbeiter bei einer Bank, obwohl er viel lieber an der Drehbank stehen würde. In Neuseeland wird er garantiert keinen Job bei einer Bank finden – an der Drehbank oder in anderen Handwerksberufen gibt es dagegen gute Möglichkeiten.

Meist ist es nicht die Arbeitslosigkeit selber, die die Leute nach Neuseeland treibt – eher die Sorge, dass es in Zukunft noch schlechter wird...

Dass es in Deutschland viele Arbeitslose gibt, davon einige gut qualifizierte Fachkräfte, IT-Spezialisten und Ingenieure, hat sich auch bis nach Neuseeland herumgesprochen. Die ZAV (Zentralstelle für Arbeitsvermittlung) hatte daher in den letzten Jahren in Zusammenarbeit mit der neuseeländischen Botschaft und anderen Organisationen aus Neuseeland Job Expos durchgeführt. Aus den verschiedensten Gründen wurde dies wieder eingestellt, aber ähnliche Job Expos gibt es nach wie vor in England und Amerika. Das Angebot der Expos richtet sich in erster Linie an Elektrotechniker, Bauingenieure, Facharbeiter aus der Holz- und Metallindustrie und aus der Landwirtschaft. Alles Bereiche, in denen es in Neuseeland Arbeitskräftebedarf gibt (siehe dazu aber auch das Nachwort).

2 Macht Neuseeland Sinn für mich?

2.1 Der Entscheidungsprozess

Es gibt unterschiedliche Kategorien, anhand derer man nach Neuseeland einwandern kann, auf die ich noch näher eingehen werde. Die meisten Einwanderer qualifizieren sich aufgrund der so genannten *Skilled Migrant Category*, einem Punktesystem, das Einwanderungsaspiranten je nach Ausbildung, Berufserfahrung, Alter und Jobmöglichkeit in Neuseeland bewertet. Die nach Ansicht der Einwanderungsbehörde (*Immigration New Zealand*) besten Kandidaten werden ausgewählt und eingeladen, einen Antrag auf Daueraufenthaltserlaubnis (*Permanent Residence*) zu stellen. Die Auswahlkriterien werden von der neuseeländischen Regierung festgelegt, je nachdem, wie viel qualifizierte Einwanderer Neuseeland gerade braucht.

Es ist nahe liegend, anzunehmen, dass Neuseeland für diejenigen Sinn macht, die sich anhand dieses Punktesystems qualifizieren. Schließlich ist man ja vom neuseeländischen Staat aus einem Pool von Bewerbern ausgewählt und eingeladen worden, einen Antrag auf *Permanent Residence* zu stellen (die so genannte *Invitation to Apply*). Das kann jedoch unter Umständen ein Trugschluss sein, und zwar in zweierlei Hinsicht. Erstens ist nicht jeder, dessen Beruf auf der von *Immigration New Zealand* veröffentlichten Liste genannt wird, für Neuseeland geeignet. Und zweitens ist nicht jeder, der sich (auf den ersten Blick) nicht qualifiziert, ungeeignet.

Im Vordergrund des Entscheidungsprozesses sollte daher die Frage stehen, ob das Leben (und Arbeiten), wie man es sich in Neuseeland vorstellt, realistisch ist. Wer hier falsche Vorstellungen und Erwartungen hat, wird später von der Realität in Neuseeland leicht enttäuscht und wandert unter Umständen wieder zurück. Die Frage, ob Neuseeland das Richtige ist, lässt sich allerdings nicht so leicht beantworten. Neuseeland im Internet und Neuseeland im Urlaub sind eben nur »Schnappschüsse«, die einen begrenzten Einblick in den neuseeländischen Alltag geben. Denn eines ist sicher, der Alltag zieht auch in Neuseeland ein – trotz der traumhaften Natur und der freundlichen Mitmenschen! Für immer Neuseeland soll helfen, die Vorstellung an der Realität zu messen – wie auch immer die Entscheidung am Ende ausfällt.

Wer falsche Vorstellungen und Erwartungen hat, wird später von der Realität in Neuseeland leicht enttäuscht und wandert unter Umständen wieder zurück.

Wer auswandert, möchte in aller Regel sein Leben und das Leben seiner Familie verbessern. Folglich hat man die Erwartung, dass das Leben in Neuseeland besser ist als in Deutschland. Auswanderer aus wirtschaftlich schwachen Ländern sind meist bescheiden in ihren Erwartungen und machen den großen Schritt ins Ungewisse, um ihren Kindern und den nächsten Generationen ein besseres und chancenreicheres Leben zu ermöglichen. Ganz so selbstlos sind die meisten Deutschen nicht – sie wollen ein besseres Leben für sich selber. Die Zukunft der Kinder ist schon wichtig, aber ist nur selten die einzige Motivation.

Neuseeland bietet im Vergleich zu Deutschland viel unberührte Natur, besseres Klima, weniger Menschen, eine Abgeschiedenheit von den Geschehnissen der Welt und die Hoffnung, von Terroranschlägen und Vogelgrippe verschont zu bleiben. Damit ist im Wesentlichen zusammengefasst, worüber sich die meisten Einwanderer – auch noch nach ein paar Jahren in Neuseeland – einig sind. In diesem Bereich wird die Erwartung also nur selten enttäuscht. In beruflicher und geschäftlicher Hinsicht klaffen Vorstellung und Realität allerdings oft auseinander. Auf der einen Seite gibt es die häufig vertretene Einstellung, man habe es in Deutschland geschafft, dann werde man es wohl auch im kleinen Neuseeland schaffen. Auf der anderen Seite gibt es die – unter anderem von *Immigration New Zealand* geschürte – Erwartungshaltung, dass hier in vielen Berufen die Türen offen stehen. Beides ist leider oft falsch!

Buchtipp: Andrea und Hartmut beschreiben ihre Eindrücke aus erster Hand: Ein Erfahrungsbericht für alle, die ans Auswandern denken. MANA-Verlag 2008

Eine gesunde Portion Selbstbewusstsein, gekoppelt mit Pioniergeist, ist sicher eine gute Voraussetzung, um in Neuseeland Fuß zu fassen. Ob man in Deutschland Erfolg hatte oder nicht, interessiert hier allerdings nur selten jemanden. Was zählt, ist Erfolg in Neuseeland – und den kann man als Neuling eben noch nicht vorweisen. Besonders schlecht kommt der Lehrmeister an, der den unwissenden Kiwis am anderen Ende der Welt erklären will, wie gewisse Dinge am besten zu handhaben sind. Denn vieles wird in Neuseeland anders gemacht als in Deutschland – selbst wenn die deutsche Methode doch so offensichtlich besser ist ...

Aber wie steht es mit den Berufslisten, die von *Immigration New Zealand* veröffentlicht werden? Sind die dort aufgelisteten Berufe nicht gefragt? Reißen sich die neuseeländischen Arbeitgeber nicht um die gut ausgebildeten Fachkräfte aus Deutschland?

Es stimmt, dass in Neuseeland Fachkräfte gesucht werden. Das Schlagwort heißt *Skill Shortages*. Es vergeht kaum ein Tag, an dem in den Medien hier nicht in irgendeiner Form über die *Skill Shortages* berichtet wird. Die Arbeitslosigkeit lag in den letzten Jahren regelmäßig zwischen 3,4 und 4 Prozent, womit Neuseeland, im Wechsel mit Südkorea, entweder an erster oder zweiter Stelle aller OECD-Länder liegt (siehe dazu auch das Nachwort). Die Kehrseite von nahezu Vollbeschäftigung ist allerdings, dass es in manchen Bereichen an Arbeitskräften mangelt. Die neuseeländische Regierung versucht, unter anderem mit den *Skill Shortages Lists* gegenzusteuern. Die Listen sind umfangreich, verwirrend und werden regelmäßig erneuert – oder anders formuliert: sind eben schnell veraltet. Es wird zwischen der so genannten *Immediate Skill Shortage List* und der *Long Term Skill Shortage List* (zum Teil wird auch die Bezeichnung *absolute Skills Shortage Area* verwendet) unterschieden.

Die *Immediate Skill Shortage List* ist regional unterschiedlich. So sind zum Beispiel auf der Südinsel Metzger (Stand April 2009) auf der Liste, während es auf der Nordinsel scheinbar keinen Bedarf gibt. Die *Long Term Skill Shortage List* gilt für alle Regionen. Die *Immediate Skill Shortage List* dient der Vereinfachung der *Work-Permit*-Anträge (zeitlich befristete Arbeitserlaubnis), während die *Long Term Shortage List* darüber hinaus für Bonuspunkte (unter gewissen Voraussetzungen) bei *Permanent-Residence*-Anträgen (Daueraufenthalts- und Arbeitserlaubnis) sorgt. Auf der *Long Term Skill Shortage List* sind alleine etwa 80 Berufe aufgelistet. Auf der *Immediate Skill Shortage List* sind circa 130 Berufe aufgelistet. Mit anderen Worten, in über 200 Berufen herrscht in Neuseeland *Skills Shortage*. Das ist eine Menge für ein Land mit nur etwas über vier Millionen Einwohnern!

Wenn man sich die Listen genauer anschaut und filtert, dann reduzieren sie sich allerdings – zumindest für Interessenten aus Deutschland – beträchtlich! Jeden einzelnen Beruf hier zu analysieren, würde den Rahmen dieses Buches sprengen. Stattdessen soll das Prinzip an einigen Beispielen veranschaulicht werden:

Oft fängt man wieder bei Null an.

Ärzte werden zum Beispiel in Neuseeland dringend gebraucht. Dementsprechend werden auf der *Long Term Skill Shortage List* gleich dreizehn verschiedene Spezialisierungen, vom praktischen Arzt bis hin zum Chirurgen, gesucht. Das Problem bei der Sache ist allerdings, dass man in Neuseeland als deutscher Arzt nicht praktizieren darf. Man fängt – selbst als gestandener Arzt – quasi wieder bei Null an und muss in einem aufwendigen Verfahren die Registrierung beim *Medical Council* erwirken – eine Wissenschaft für sich!

Lehrer werden auch gesucht. Hier ist das Verfahren ähnlich wie bei den Ärzten. Man braucht eine Registrierung beim *Teachers Council*! Sozialarbeiter stehen ebenfalls auf der *Long Term Shortage List*. Man braucht zwar keine Registrierung, allerdings werden deutsche Sozialarbeiter und Neulinge in Neuseeland kaum Chancen haben, hier einen Job zu finden, da Arbeitgeber auf neuseeländische Erfahrungen und Kenntnisse bestehen. Aufgrund des Baubooms (siehe dazu auch das Nachwort) werden in Neuseeland in vielen Regionen auch Bau-Projektmanager gesucht. Aber auch hier werden sich nur die wenigsten Arbeitgeber auf deutsche Bewerber einlassen, da es einfach an Neuseeland-Erfahrung fehlt. Das gilt übrigens für die meisten Manager–Jobs. Es gibt in Neuseeland zwar einige Top-Manager aus dem Ausland, allerdings werden die in der Regel von internationalen *Recruitment Companies* (Agenturen, die Personal werben) aus dem englischsprachigen Ausland rekrutiert.

Trotz aller Vorbehalte hinsichtlich der von *Immigration New Zealand* veröffentlichten Listen sind aber nicht alle deutschen Berufe unbrauchbar. Nach meiner Erfahrung gilt folgende Faustregel, eine Art Dreiteilung:

1. Handwerksberufe:
In den meisten Handwerksberufen findet man in Neuseeland Arbeit. Verdienen kann man im Angestelltenverhältnis etwa zwischen 15 und 25 NZ$ brutto. Das ist nicht viel, aber für die, die fest entschlossen sind und Neuseeland als neue Heimat gewählt haben, ein Anfang. Vielleicht auch, um sich später selbstständig zu machen, dann mit besseren Verdienstmöglichkeiten.

2. IT-Berufe:
Arbeit gibt es auf jeden Fall, allerdings ist es schwieriger als in den Handwerksberufen, dies in einen Arbeitsvertrag umzumünzen. Viele Arbeitgeber bevorzugen englischsprachige IT–Spezialisten und sind oft nicht bereit, sich auf langfristige Verträge einzulassen, die man für die Einwanderungsformalitäten braucht.

3. Der Rest:
Für fast alle anderen Berufe gilt (ausgenommen einige Berufe im Tourismus und in der Landwirtschaft), wer nicht bereit und in der Lage ist, sich beruflich umzuorientieren, der sollte seine Neuseelandpläne noch einmal überdenken.

Wichtig bei der Frage, ob eine Auswanderung nach Neuseeland für einen in Betracht kommt, ist natürlich auch die Frage, wie viel Geld man als Startkapital braucht. Die Gehälter in Neuseeland sind niedriger als in Deutschland, insbesondere wenn man neu anfängt. Allerdings kommen die meisten wiederum mit weniger aus als in Deutschland. Wie viel Geld man braucht, ist individuell sehr unterschiedlich. Die folgenden drei Szenarien veranschaulichen, wie Kapital weiterhelfen kann.

Die Gehälter in Neuseeland sind niedriger als in Deutschland, insbesondere wenn man neu anfängt.

Szenario 1

1,5 Millionen NZ$ (etwa 700.000 Euro) und mehr: Das ist der Idealfall. Die meisten Einwanderer finden für 500.000 NZ$ ein sehr ansprechendes Haus in Neuseeland. Die restliche Million kann man dann hier in sichere Festgeldanlagen oder festverzinsliche Papiere investieren. Verglichen mit Europa ist Neuseeland ein Hochzinsland. Zinserträge in Höhe von sieben bis acht Prozent aus festverzinslichen Wertpapieren mit einer *Standard-and-Poor*-Bewertung von A oder besser sind realistisch. Im Jahr hätte man dann ein Bruttoeinkommen von 70.000 bis 80.000 NZ$, was deutlich über dem neuseeländischen Durchschnittseinkommen liegt. Insbesondere, wenn keine Kosten für die Wohnung entstehen, können die meisten Familien von 70.000 bis 80.000 NZ$ im Jahr bequem leben.

Szenario 2

Man kann sich ein Haus leisten: Wohnen ist, gemessen an den Gehältern hier, relativ teuer, weil die Hypothekenzinsen hoch sind. Das macht sich nicht nur bei der Finanzierung eines Hauses bemerkbar, sondern auch bei den Mieten. Wer daher genug Kapital mitbringt, um sich hier ein Haus kaufen zu können, der hat den größten Kostenfaktor in Neuseeland aus-

Wohnen ist, gemessen an den Gehältern hier, relativ teuer, weil die Hypothekenzinsen hoch sind.

geschaltet. Man kommt dann doch besser mit einem Jahresgehalt zwischen 40.000 und 50.000 NZ$ aus. Häuser kosten hier, je nach Lage, zwischen 200.000 und 500.000 NZ$.

Szenario 3

Wer kein oder nur wenig Geld mitbringt, hat es schwerer und sollte sich fragen, warum er nach Neuseeland auswandern will. Wer, wie viele, dem Stress in Deutschland entfliehen will, der kommt unter Umständen vom Regen in die Traufe. Was nützt die schönste Aussicht, wenn man jeden Tag ums Überleben kämpfen muss! Trotzdem lassen sich viele – auch mit kleinem Geldbeutel – auf das Abenteuer Neuseeland ein, weil der Drang, weg aus Deutschland zu gehen, einfach zu groß ist. Manch einem reicht eben schon ein freundlicheres Arbeitsklima, um glücklich zu werden.

Wer sich also oben wiedererkennt, für den könnte Neuseeland als neue Heimat in Betracht kommen – vorausgesetzt natürlich, die bürokratischen Einwanderungshürden werden auch genommen.

Arrowtown

Der Weg

Einwanderungsrecht & Formalitäten 3

Gesetzliche Grundlage für die Einwanderungsvorschriften (*Immigration Policy*) ist der *Immigration Act*, der im Jahre 1987 in Kraft trat. Seitdem sind einige Änderungen eingeführt worden, das Grundprinzip ist aber über die Jahre gleich geblieben. Die im Laufe der Zeit eingeführten Neuregelungen und Änderungen des *Immigration Act* betreffen in erster Linie Aspekte wie Grenzsicherheit, Simplifizierung des Gesetzes und andere Anpassungen an das Umfeld des 21. Jahrhunderts. Die Frage, ob Sie und Ihre Familie nach Neuseeland hereingelassen werden oder nicht, wird in erster Linie auf der Verwaltungsebene durch die *Immigration Policy* gestellt und beantwortet. Der Gesetzgeber gibt nur den gesetzlichen Rahmen vor, innerhalb dessen das Einwanderungsministerium dann die Verwaltungsvorschriften – die *Immigration Policy* – erlässt.

Im Jahre 1987 war der *Immigration Act* eine große, einschneidende Reform, denn in den 1970er und 1980er Jahren waren Einwanderer in Neuseeland nicht willkommen. Ausgelöst durch die Ölkrise und den Beitritt Englands zur EU kam es zu einer schweren Wirtschaftskrise in Neuseeland. Insbesondere der Beitritt Englands zur Europäischen Wirtschaftsgemeinschaft im Jahre 1973 war ein schwerer Schlag für Neuseeland. Seit Anfang des 20. Jahrhunderts war Neuseeland quasi der Vorgarten Englands. Ohne Zollbarrieren konnte Neuseeland seine landwirtschaftlichen Produkte nach England einführen und entwickelte sich zu einem der reichsten Länder der »westlichen«

Seite 26:
Fähre von Wellington nach Picton

Welt. Mit Beitritt Englands zur EWG galten dann auf einen Schlag im Wesentlichen die gleichen Zolltarife wie für andere Mitgliedsstaaten. Die bequemen Profite aus landwirtschaftlichem Export schmolzen dahin. Arbeitslosigkeit machte sich breit – und damit auch die Auffassung, dass man auf keinen Fall Ausländer brauche, die den Neuseeländern die Arbeitsplätze wegnehmen könnten.

1974 wurden daher von der damaligen *Labour*-Regierung die Einwanderungstore geschlossen – ein einschneidender Akt, denn es bedeutete, dass auch die Engländer nicht mehr ohne weiteres in Neuseeland leben durften. In den Jahren davor konnte jeder Engländer nach Neuseeland ziehen – er brauchte noch nicht einmal einen Reisepass! 1974 hat Neuseeland sich also endgültig von England abgenabelt!

Auf der Basis des *Immigration Act* wurde ein Punktesystem geschaffen, anhand dessen sich Einwanderer aus aller Welt für ein Leben in Neuseeland qualifizieren können.

In den darauf folgenden Jahren – und nach einer weiteren Wirtschaftskrise in den 1980ern – begriff man, dass Einwanderung durchaus positive Aspekte haben kann. Mit dem 1987er *Immigration Act* wurden die Tore wieder geöffnet – diesmal aber nicht nur den »Pommies« (wie die Engländer hier heißen), sondern der ganzen Welt. Auf der Basis des *Immigration Act* wurde ein Punktesystem – und damit ein Quotenmanagement-System – geschaffen, anhand dessen sich Einwanderer aus aller Welt für ein Leben in Neuseeland qualifizieren können.

Daran hat sich vom Prinzip her bis heute nichts geändert. Lediglich das Quotenmanagement-System wurde (und wird) alle paar Jahre neu erfunden, um dem jeweiligen politischen Zeitgeist gerecht zu werden. Nach wie vor können sich aber Einwanderungsaspiranten je nach Alter, Ausbildung, Berufserfahrung, Chancen auf dem neuseeländischen Arbeitsmarkt beziehungsweise je nach Vermögen, Investitionsbereitschaft und unternehmerischen Ambitionen für eine Aufenthaltserlaubnis, den so genannten *Residence Permit*, qualifizieren.

Was heißt »Einwanderung nach Neuseeland«?

Was heißt »Einwanderung nach Neuseeland«? Damit ist der ständige Aufenthalt in Neuseeland gemeint. Einwanderer möchten hier frei leben und arbeiten dürfen oder, anders zusammengefasst, sie möchten dieselben Rechte haben wie die Neuseeländer. Genau das ermöglicht der *Residence Permit* (Daueraufenthalts- und Arbeitserlaubnis). Mit dem *Residence Permit* erwerben Einwanderer allerdings nicht die neuseeländische Staatsangehörigkeit, sondern bekommen in ihren (deutschen) Pass einen Stempel (in Wirklichkeit sind es zwei große Aufkleber), der ihnen das lebenslange Aufenthaltsrecht in Neuseeland garantiert. Nach fünf Jahren können sie auch die neuseeländische Staatsangehörigkeit beantragen.

Einwanderungswillige können sich anhand verschiedener Kategorien für den *Residence Permit* qualifizieren. Sinn und Zweck des Einwanderungsrechts ist es, gezielt möglichst hochwertige und für die neuseeländische Wirtschaft nützliche Einwanderer für Neuseeland zu gewinnen. Wie auch anderswo auf der Welt tut die Politik sich in Neuseeland schwer mit der Entscheidung, wie viele Einwanderer ins Land gelassen werden sollen und nach welchen Kriterien die »nützlichen Einwanderer« von den »weniger nützlichen« abgegrenzt werden können. Dementsprechend werden die Vorschriften oft geändert, was zu Verwirrungen führen kann.

Im November 2008 fand in Neuseeland ein Regierungswechsel statt. Die *Labour Party*, die seit November 1999 Neuseeland regiert hatte, wurde von der *National Party* als Regierung abgelöst. Man kann daher davon ausgehen, dass sich in der jetzigen Legislaturperiode die Einwanderungsvorschriften wieder ändern werden! Im Hinblick auf die Kurzlebigkeit des Regelwerks geht Für immer Neuseeland daher nur so weit in die Tiefe der einzelnen Vorschriften, wie es (langfristig) Sinn macht.

Die neuseeländische Regierung setzt fest, wie viele Einwanderer pro Jahr ins Land gelassen werden. Die Jahresquote für den Zeitraum zwischen 1. Juli 2007 und 30. Juni 2008 lag bei 45.000 bis 50.000 Menschen (nicht Anträge!). In der Quote eingeschlossen sind humanitäre Fälle, wie zum Beispiel Flüchtlinge, und das neuseeländische Äquivalent zum Gastarbeiter aus der Türkei – Einwanderer von den pazifischen Inseln, insbesondere Samoa (alle zusammen ergeben rund zehn Prozent der Gesamtquote). Diese Kategorien sind aus deutscher Sicht nicht relevant und folglich gehe ich darauf nicht genauer ein. Alle relevanten Kategorien werden im Folgenden genauer dargestellt. Auf der Homepage von *Immigration New Zealand* (www.immigration.govt.nz) sind alle Informationen für jedermann zugänglich. Allerdings ist die Seite für den Laien ziemlich unübersichtlich, was nicht nur ein Fehler der Webpage ist, sondern auch an der Komplexität der Materie liegt.

Einwanderungswillige können sich anhand verschiedener Kategorien für den *Residence Permit* qualifizieren.

3.1 Skilled Migrant Category

Das ist das Flaggschiff des neuseeländischen Einwanderungsrechts. Etwa die Hälfte aller *Residence-Permit*-Anträge werden aufgrund der *Skilled Migrant Category* genehmigt. Es ist ein System, das Antragsteller je nach Alter, Ausbildung, Berufserfahrung und Chancen auf dem neuseeländischen Arbeitsmarkt mit Punkten bewertet. Bewusst werden Bewerber mit Arbeitsangeboten (*Job Offers*) bevorzugt. Es ist aber auch möglich, sich ohne *Job Offer* zu qualifizieren.

Die Tatsache, dass das Verfahren online – sozusagen im *Do-it-yourself*-Verfahren – eingeleitet werden kann, steht im Widerspruch zur Komplexität dieser Einwanderungskategorie. Sowohl der Prozess als auch das Abschlussergebnis des Antragsverfahrens sind vielschichtig.

Ehrgeizige Regierungsbeamte, die eine moderne und fortschrittliche Bürokratie schaffen wollten, konnten sich nicht verkneifen, ein Online-Verfahren zu schaffen. Da eine Aufenthaltserlaubnis aber nicht heruntergeladen werden kann wie eine Software, musste das Verfahren in verschiedene Schritte unterteilt werden. Das für jedermann durchschaubare System – man stellt einen Antrag und erhält daraufhin entweder eine Genehmigung oder eine Ablehnung – wurde damit abgeschafft.

Ehrgeizige Regierungsbeamte ... konnten sich nicht verkneifen, ein Online-Verfahren zu schaffen

Die *Skilled Migrant Category* ist in zwei Verfahrensschritte unterteilt. Erster Schritt ist die *Expression of Interest*. Online erklärt man seine Absicht, einwandern zu wollen. Alle Absichtserklärungen kommen in einen Pool, aus dem regelmäßig alle zwei Wochen die erfolgreichen Kandidaten ausgewählt werden. Aber Vorsicht: Das Wort Absichtserklärung (*Expression of Interest*) lässt vermuten, dass man mal schnell unverbindlich seinen Finger heben kann, um zu bekunden, dass man gerne nach Neuseeland einwandern möchte. Unverbindlich, ja – schnell, nein!

Der Fragenkatalog der *Expression of Interest* umfasst in Druckform mehr als 40 Seiten und man muss vorher in der Regel auch schon einen Englischtest bestanden haben und seine Ausbildung von der *New Zealand Qualifications Authority* bewertet haben lassen.

Juristisch gesehen ist die Zweiteilung des Antragsverfahrens gar nicht ungeschickt. Wer die erste Hürde, die Auswahl im *Expression-of-Interest*-Verfahren, nicht schafft, der hat keine Handhabe gegen den neuseeländischen Staat. Die *Expression of Interest* steht sozusagen im rechtsfreien Raum, da es eben nur eine Absichtserklärung des Antragstellers ist.

Zweiter Schritt ist die *Invitation to Apply*, die das *Residence*-Verfahren einleitet: Alle aus dem Pool Auserkorenen werden eingeladen, einen Antrag auf *Permanent Residence* zu stellen (*Invitation to Apply*). Trotz des euphorischen Textes »Congratulations, I am very pleased to inform you that Immigration New Zealand has considered your Expression of Interest in migrating to New Zealand and would like to invite you to apply for residence« gilt hier wieder das Prinzip der Unverbindlichkeit. Man hat lediglich das Recht erworben, einen Antrag stellen zu dürfen. Trotz Einladung kann man auch wieder ausgeladen werden – oder treffender formuliert, man erhält eine Ablehnung des *Residence*-Antrages.

Expression of Interest 3.1.1

Das Grundprinzip ist einfach. Die Kandidaten mit den meisten Punkten werden ausgewählt. Wer weniger als 100 Punkte erzielt, ist chancenlos und wird gar nicht erst in den Pool aufgenommen. Auf den folgenden Seiten sind die Kriterien aufgelistet, nach denen Punkte vergeben werden.

Die Tabelle wurde bewusst in der Originalsprache belassen, um eventuelle sprachliche Missverständnisse zu vermeiden.

Factors	Points
Skilled employment (erläutert unter 3.1.1.1):	
• Current skilled employment in NZ for 12 months or more	60
• Offer of skilled employment in NZ or current skilled employment in NZ for less than 12 months	50
Bonus points for employment or offer of employment in:	
• An identified future growth area	10
• An area of absolute skills shortage	10
• Region outside Auckland	10
• Partner employment or offer of employment	20

Factors	Points
Work experience (erläutert unter 3.1.1.2):	
• 2 years	10
• 4 years	15
• 6 years	20
• 8 years	25
• 10 years	30
Additional bonus points if work experience in NZ:	
• 1 year	5
• 2 years	10
• 3 years or more	15
Additional bonus points for work experience in an identified future growth area:	
• 2 to 5 years	10
• 6 years or more	15
Additional bonus points for work experience in an area of absolute skills shortage:	
• 2 to 5 years	10
• 6 years or more	15
Qualifications (erläutert unter 3.1.1.3):	
• Recognised basic qualification (e.g. trade qualification, diploma, bachelors degree, bachelors degree with Honours)	50
• Recognised post-graduate qualification (Masters degree, Doctorate)	55

Factors	Points
Bonus points for :	
• 2 years of full-time study in New Zealand towards a recognised qualification	10
• A recognised post-graduate New Zealand Qualification (Masters degree or Doctorate)	10
• Qualification in an identified future growth area	10
• Qualification in an area of absolute skills shortage	10
• Partner qualifications	20
Close family support in New Zealand (erläutert unter 3.1.1.4):	10
Age (20 to 55 yrs) (erläutert unter 3.1.1.5):	
• 20–29	30
• 30–39	25
• 40–44	20
• 45–49	10
• 50–55	5

Wer mehr als 140 Punkte erzielt, wird automatisch aus dem Pool ausgewählt. Zwischen 100 und 135 Punkten kommt es darauf an, ob der Kandidat die zum Zeitpunkt der Poolziehung geltenden Kriterien erfüllt. Alle zwei Wochen findet eine neue Ziehung statt – alle zwei Wochen werden die Kriterien daher neu überprüft.

In der Bandbreite zwischen 100 und 135 Punkten gibt es kleine »Türen«, die je nach Bedarf den Weg nach Neuseeland öffnen oder schließen. Eine »Tür« ist zum Beispiel ein Arbeitsangebot (*skilled employment*) eines neuseeländischen Arbeitgebers. Mit einem *offer of skilled employment* reichen in der Regel 100 Punkte aus, um aus dem Pool ausgewählt zu werden. Seit Juli 2006 steht diese Tür offen (Stand April 2009).

Andere Türen, die je nach Bedarf geöffnet werden, sind:

- Ausbildungen in einem Beruf, der auf der *Long Term Skill Shortage List* aufgeführt ist (vgl. 3.1.1.6 b),
- Berufserfahrung in einem Beruf, der auf der *Long Term Skill Shortage List* aufgeführt ist und in manchen Fällen
- jede andere EOI, die weder 140 Punkte erzielt noch eine der oben genannten Sonderkriterien erfüllt und eine gewisse, im Zeitpunkt der EOI zu nennende, Mindestpunktzahl erzielt. Zwischen Anfang Dezember 2008 und Anfang April 2009 lag diese Mindestpunktzahl bei manchen (nicht allen) Ziehungen zwischen 110 (3. Dezember 2008) und 130 Punkten (25. Februar und 8. April 2009).

Wohlgemerkt, die obigen Kriterien sind nur Beispiele für ein Repertoire an Selektionskriterien, die der Behörde zur Verfügung stehen. Ob und auf welchem Punkte-Level die Selektionskriterien angewandt werden, hängt vom jeweiligen Bedarf zur Zeit der EOI-Ziehung ab. Verlassen kann man sich nur darauf, dass alle EOIs mit 140 Punkten und mehr gezogen werden. Was sich zwischen 100 und 135 Punkten abspielt, liegt im Ermessen der Behörde!

Sämtliche Ziehungen seit Juli 2006 können hier eingesehen werden: www.peterhahn.co.nz/Selection-Points.127.0.html

Wie oben schon erwähnt, ist das EOI-Verfahren nichts anderes als ein Quotenmanagement-System. Die Jahresquote liegt zwischen 45.000 und 50.000. Je nachdem, wie die Projektion im Zeitpunkt der Ziehung aussieht, und je nach Qualität der im Pool befindlichen Kandidaten wird entschieden, wer ein vom Computer generiertes Schreiben mit dem folgenden Inhalt erhält: »We are very pleased to confirm that this Expression of Interest (EOI) was selected from the Pool on ... for further consideration...«

Die Ziehung aus dem Pool hört sich nach Lotterie an. Ganz so schlimm ist es nicht, denn es gibt überprüfbare Kriterien. Für den Laien, der gutgläubig die EOI online ausfüllt, kann es aber trotzdem zu einer Lotterie werden, wenn die Kriterien nicht genau verstanden werden.

Die Ziehung wird zur Lotterie, wenn man die Kriterien nicht verstanden hat!

Beispiele aus Praxis und Theorie

Bevor ich weiter in die Tiefe gehe, erst einmal zur Veranschaulichung ein paar Beispiele, teilweise aus der Praxis und teilweise zur Verdeutlichung erfunden:

105 Punkte, kein *Job Offer*, anerkannte Ausbildung, keine Bonuspunkte, keine anerkannte Ausbildung des Partners: eine 35-jährige Fachwirtin der Grundstücks- und Wohnungswirtschaft aus Nordrhein-Westfalen mit über zehn Jahren relevanter Berufserfahrung, verheiratet mit einem 39-jährigen Bauzeichner. Ihre Ausbildung erzielt 50 Punkte, während seine Ausbildung keine Punkte bringt. Bonuspunkte für besondere Ausbildungsberufe oder Berufserfahrung gibt es

auch keine. Zwar werden über 100 Punkte erzielt, so dass die beiden in den Pool kommen, sie sind aber leider knapp unter den 110 Punkten, die im Dezember 2008 (und auch in einigen anderen Monaten vorher) notwendig waren, um sich ohne *Job Offer* zu qualifizieren. Die Kunden sind aufgrund zweimaliger Einreichung der EOI schon seit April 2008 im Pool und hoffen nach wie vor, dass die erforderliche Punktzahl noch auf 105 gesenkt wird.

125 Punkte, kein *Job Offer*, anerkannte Ausbildung, keine Bonuspunkte, anerkannte Ausbildung des Partners: ein 35-jähriger Diplom-Designer (FH) aus der Nähe Mönchengladbachs, selbständiger Musikproduzent mit über zehn Jahren relevanter Berufserfahrung, in einer festen Beziehung mit einer Diplom-Betriebswirtin (BA); EOI eingereicht im April 2008. In den ersten Ziehungen hatten sie kein Glück. In der Ziehung am 4. Juni 2008 waren sie dann allerdings unter den Glücklichen, die ohne Sonderpunkte und ohne *Job Offer* ausgewählt wurden (zu der Zeit waren 120 Punkte notwendig).

130 Punkte, kein *Job Offer*, anerkannte Ausbildung, Bonuspunkte für Ausbildung und Berufserfahrung: ein 35-jähriger Zimmermann mit Meisterbrief, mehr als zehn Jahre relevante Berufserfahrung. Er bekommt Bonuspunkte für seine Ausbildung und Berufserfahrung, da der Beruf Zimmermann auf der *Long Term Skills Shortage List* aufgeführt ist. Obwohl er unter der 140-Punkte-Schwelle bleibt, bestehen ausgezeichnete Chancen (bessere Chancen, als bei den beiden obigen Kandidaten), aus dem Pool ausgewählt zu werden.

145 Punkte, kein *Job Offer*, anerkannte Ausbildung, Bonuspunkte, anerkannte Ausbildung des Partners: ein 44-jähriger Diplominformatiker, mehr als zehn Jahre Berufserfahrung im IT-Bereich, die Ehefrau hat ebenfalls ein abgeschlossenes Hochschulstudium. Das Ehepaar wird automatisch aus dem Pool ausgewählt und erhält eine *Invitation to Apply*.

110 Punkte, keine anerkannte Ausbildung, *Job Offer*: ein 50-jähriger Schlosser mit Facharbeiterbrief aus Schönwalde, mehr als zehn Jahre relevante Berufserfahrung, die Ausbildung wurde nur mit Level 3 bewertet (also keine Punkte), ein Jahr Berufserfahrung in Nelson, Neuseeland, daher Umgehung des Englischtests, den er nicht bestanden hätte. Der *Residence*-Antrag ist inzwischen genehmigt worden.

180 Punkte, anerkannte Ausbildung, *Job Offer*: ein 33-jähriger Schlosser mit Facharbeiterbrief aus Mühltal, mehr als zehn Jahre relevante Berufserfahrung, die Ausbildung wurde mit Level 4 bewertet, ein Jahr Berufserfahrung in Nelson, Neuseeland, daher Umgehung des Englischtests, den er nicht bestanden hätte. Der *Residence*-Antrag ist inzwischen genehmigt worden.

70 Punkte, anerkannte Ausbildung, *Job Offer*: ein 44-jähriger staatlich geprüfter Betriebswirt (FH), über zehn Jahre Inhaber eines Fahrradladens, die Ausbildung würde mit mindestens Level 5 anerkannt werden, ein Jahr Berufserfahrung als Fahrradmechaniker in Neuseeland. Keine Aussicht, den *Residence*-Antrag genehmigt zu bekommen, weil sein Job kein *skilled employment* ist (siehe dazu ausführlich Seite 41).

In den obigen Beispielen bitte beachten, dass alle Kandidaten den Englischtest im Vorfeld entweder bestanden hatten oder mindestens ein Jahr in Neuseeland gearbeitet hatten und auch ihre Ausbildungen schon bewertet wurden! Ohne diese beiden Dinge abgehakt zu haben, macht es keinen Sinn, die EOI einzureichen!

Die meisten schätzen ihre Punktzahl viel zu hoch ein…

Erfahrungsgemäß (und verständlicherweise) schätzen die meisten Kunden ihre Punktzahl viel zu hoch ein. Das liegt daran, dass die Punktetabelle auf den Seiten 33 ff. nur eine Übersicht ist. Die Einzelheiten, unter genau welchen Voraussetzungen Punkte vergeben werden, verbergen sich in circa 45 Seiten des *Policy Manual*, der Verwaltungsvorschriften zur *Skilled Migrant Category*.

Das Problem liegt, wie so oft, im Detail. Wie bereits angedeutet, sind sowohl die *Expression of Interest* als auch die *Invitation to Apply* unverbindlich – es gilt also, nach zunächst erfolgreicher Auswahl aus dem Pool zu vermeiden, wieder ausgeladen zu werden.

Ich gehe im Folgenden auf einige der häufigsten Stolpersteine ein, um dem Leser ein Gefühl für die Materie zu geben und um ihn vor manchen bösen Überraschungen zu bewahren. Jedes einzelne Kriterium im Detail darzulegen, würde allerdings den Rahmen dieses Buches sprengen. Für immer Neuseeland soll keine Anleitung für rechtskundige Einwanderungsspezialisten sein! Die folgende Darstellung hält sich an die in der Punktetabelle (ab Seite 33) vorgegebene Reihenfolge.

Skilled Employment 3.1.1.1

Ganz oben, an erster Stelle in der Tabelle (ab Seite 33), werden Punkte für Arbeitsangebote (*Offer of Skilled Employment*) vergeben. Das ist kein Zufall, denn Bewerber mit Jobs sollen stark bevorzugt werden und waren den Erfindern der *Skilled Migrant Category* besonders wichtig. Für so genanntes *skilled employment* werden mindestens 50 Punkte vergeben. Die Betonung liegt auf *skilled*, denn nicht jedes Arbeitsangebot ist automatisch *skilled employment*.

Skilled employment genau zu definieren, ist eine Wissenschaft für sich. Man muss dabei sowohl auf die Ausbildung und Berufserfahrung des Antragstellers schauen als auch auf die genaue Position, die der Antragsteller bei seinem neuseeländischen Arbeitgeber ausübt oder ausüben soll.

Grundsätzlich werden für eine Anstellung nur Punkte vergeben, wenn man auch eine anerkannte Ausbildung hat (siehe dazu weiter unten), die im gleichen oder einem ähnlichen Bereich liegt wie das Arbeitsangebot. Wenn die anerkannte Ausbildung und der Job in Neuseeland im gleichen Beruf sind, kann man grundsätzlich davon ausgehen, dass der Job in Neuseeland als *skilled employment* anerkannt wird. Aber eben nur grundsätzlich! Der neuseeländische Job muss zusätzlich entweder auf einer Liste anerkannter Berufe aufgelistet sein, die im Appendix 11 des *Operational Manual* (der Verwaltungsvorschriften) zu finden ist, oder auf der LTSSL (*Long Term Skill Shortage List*). Circa 650 Berufsbezeichnungen sind da aufgelistet. Was sich genau hinter den Berufsbezeichnungen verbirgt,

Die *Long Term Skill Shortage List* **umfasst circa 650 Berufsbezeichnungen.**

ist im *Australia and New Zealand Standard Classification of Occupations* (ANZSCO) genauer definiert. Man findet diese circa 900 Seiten dicke Publikation auf der Webseite des *Australian Bureau of Statistics* veröffentlicht. Trotz der scheinbar riesigen Auswahl von 650 Berufen fällt es immer wieder schwer, die richtige Zuordnung zu finden, nicht zuletzt aufgrund unterschiedlicher Berufsbilder in Deutschland und Neuseeland.

Oft ist der Übergang zwischen *skilled* und *unskilled employment* fließend.

Ärgerlich ist es, wenn der Antragsteller schon nach Neuseeland ausgewandert ist und hier zum Beispiel mit einer auf drei Jahre befristeten Arbeitserlaubnis (*Work Permit*) als Fahrradmechaniker arbeitet und dann erst beim Antrag auf *Permanent Residence* merkt, dass sein Beruf nicht *skilled employment* ist, obwohl er zunächst den *Work Permit* bekommen hatte, weil sein Beruf auf der *Immediate Skill Shortage List* aufgelistet war. Fahrradmechaniker sind, anders als Motorrad- oder Automechaniker, leider nicht *skilled employment* im Sinne der *Skilled Migrant Category* – eine traurige Erkenntnis, wenn man sich hier schon gut eingelebt hat und glaubte, mit einem Arbeitsangebot auf dem besten Wege zu einer Daueraufenthaltserlaubnis zu sein.

Dem Fahrradmechaniker ist nicht zu helfen, es sei denn, er arbeitet sich zum *Shop Manager* hoch! In anderen Fällen ist die Aussage nicht so eindeutig. Oft ist der Übergang zwischen *skilled* und *unskilled employment* fließend. Insbesondere im kaufmännischen Bereich lässt sich oft nur schwer sagen, ob der Job eher im administrativen Bereich (in der Regel *unskilled employment*) oder im Management-Bereich (in der Regel *skilled employment*) angesiedelt ist. Es empfiehlt sich, diese Dinge vor der Einreichung der EOI zu klären und – falls möglich – zu beheben!

Wer keine anerkannte Ausbildung hat, tut sich noch schwerer. Zwar ist es grundsätzlich nicht zwingend erforderlich, eine anerkannte Ausbildung nachzuweisen, die Chancen der Einstufung der neuseeländischen Arbeitsstelle als *skilled employment* erhöhen sich aber deutlich mit dem Nachweis einer anerkannten Ausbildung! Wer nämlich keine anerkannte (oder relevante) Ausbildung nachweisen kann, muss glaubhaft machen können, dass seine praktische Berufserfahrung als Ersatz für eine anerkannte Ausbildung dienen kann. Wie viele Jahre relevanter Berufserfahrung nachzuweisen sind, ergibt sich wiederum aus dem *Australia and New Zealand Standard Classification of Occupations* (ANZSCO). In den meisten Fällen wird der Nachweis möglich sein, es gilt aber zu bedenken, dass es im Falle des Nachweises immer noch im Ermessen der Behörde liegt, ob sie die Berufserfahrung als Ausbildungsersatz anerkennt oder nicht!

Ohne anerkannte Ausbildung ist es sehr schwer – Berufserfahrung kann als Ersatz dienen.

In den folgenden Bereichen gibt es außerdem Möglichkeiten, für bestimmte Arbeitsangebote Bonuspunkte zu erzielen:

- *identified future growth area*: Das sind Biotechnologie, *Information Communication Technology* und *Creative Industries* (also Film, Werbung etc)

- *absolute skills shortage* (*long term skill shortage*): Das ist eine lange Liste von Berufen. Die Liste wird regelmäßig aktualisiert, um möglichst aktuelle Bedürfnisse des Arbeitsmarkts widerzuspiegeln. Handwerksberufe wie Klempner, Schlosser, Automechaniker, Elektriker, Zimmermann und Tischler sind ebenso aufgelistet wie diverse Berufe in der Informationstechnologie.

- außerhalb der Region Auckland: Aucklands Infrastruktur tut sich schwer, mit dem Bevölkerungswachstum in Auckland mitzuhalten. Daher werden Bonuspunkte für jene vergeben, die einen Job außerhalb der Region Auckland nachweisen können.

- für (Ehe-) Partner: Wenn auch der Ehepartner einen Job nachweisen kann, gibt es weitere Bonuspunkte.

Es ist zwar schön zu wissen, dass man auch die Möglichkeit hat, Bonuspunkte für die Arbeitsstelle zu bekommen – nötig sind die jedoch selten. Wer einen *Job Offer* hat, brauchte in den letzten Jahren (Stand April 2009) sowieso nur 100 Punkte. Die erreicht man bequem auch ohne Bonuspunkte! Man wird nicht etwa bevorzugt, wenn man anstatt 100 Punkte 200 Punkte nachweisen kann. Wichtiger ist die Frage, ob man *skilled employment* im Sinne der *immigration policy* nachweisen kann!

Auckland ist die Stadt mit den meisten Einwohnern Neuseelands.

Work Experience 3.1.1.2

Hier werden Punkte für Berufserfahrung vergeben. Es fällt auf, dass maximal zehn Jahre angerechnet werden können. Mit anderen Worten, jüngere Antragsteller werden bevorzugt, denn wer älter ist und womöglich 20 Jahre Berufserfahrung nachweisen kann, hat nichts davon, denn er kann die Punkte nicht ausgleichen, die er für höheres Alter verloren hat. Berufserfahrung wird nur anerkannt, wenn sie entweder mit der anerkannten Ausbildung (siehe dazu unten) oder dem *Job Offer* in Zusammenhang steht.

Auch hier gibt es wieder Bonuspunkte, wobei zu beachten ist, dass es die Punkte für Berufserfahrung in einer *identified future growth area* nur gibt, wenn man auch ein Arbeitsangebot in diesem Bereich hat. Im Bereich *absolute skills shortage* (oder *long term skill shortages*) braucht man jedoch kein Arbeitsangebot nachzuweisen, um Bonuspunkte zu erhalten – eine Regelung, die sich dem Laien oft nicht ohne weiteres aus den offiziellen Informationsseiten erschließt.

Qualifications 3.1.1.3

Deutsche Ausbildungen werden punktemäßig von *Immigration New Zealand* nur anerkannt, wenn man vorher (also schon vor der *Expression of Interest*) eine Bewertung durch die *New Zealand Qualifications Authority* (NZQA) in Wellington hat durchführen lassen. Der so genannte NZQA-Report bildet die Grundlage für die Punktevergabe durch das neuseeländische Immigrationsbüro.

Nicht jede deutsche Ausbildung wird punktemäßig anerkannt. Die NZQA vergleicht die ausländische Ausbildung mit der neuseeländischen und legt fest, auf welchem Level einer Skala von 1 bis 10 die Ausbildung eingestuft wird. Danach richtet sich dann *Immigration New Zealand*, die Einwanderungsbehörde, bei der Punktevergabe. Unter Level 3 gibt es in der Regel keine Punkte. Für Level 3 gibt es nur ausnahmsweise Punkte bei ganz bestimmten Ausbildungen in ganz bestimmten Ländern. Deutschland, Österreich oder die Schweiz sind leider nicht dabei, so dass Antragstellern aus diesen Ländern Level 3 nichts nützt. Bei mit Level 4 eingestuften Ausbildungen müssen zwei Voraussetzungen erfüllt sein, um Punkte (genauer gesagt 50 Punkte) zu erzielen: Erstens muss es sich um eine im NZQA-Verfahren mit einem *New Zealand National Certificate* (Level 4) vergleichbare Ausbildung handeln und zweitens muss die Ausbildung in einem Beruf sein, der auf der Liste der anerkannten Berufe im Appendix 11 des *Operational Manual* (genau wie oben unter *skilled employment*) aufgelistet ist. Erst ab Level 5 kann man sicher sein, Punkte für seine Ausbildung zu erhalten.

Bei Schweizer Ausbildungen kann man, wenn man Glück hat, unter Umständen eine Bewertung durch die NZQA vermeiden. Wer ein Lizentiat oder Diplom von einer Universität hat, die auf der Liste der *recognised qualifications* steht, bekommt 50 Punkte auch ohne NZQA–Report.

Auf die verschiedenen Levels und Listen anerkannter Ausbildungen soll hier nicht weiter im Detail eingegangen werden, um nicht für noch mehr Verwirrung zu sorgen. Schön wäre es, wenn man ganz konkret sagen könnte, welche deutschen Ausbildungen bei *Immigration New Zealand* Anerkennung finden. Leider ist das nicht möglich, da die *New Zealand Qualifications Authority* von Fall zu Fall entscheidet und die Entscheidungskriterien (zumindest aus deutscher Sicht) nicht ohne weiteres durchschaubar sind.

Am besten lässt sich das anhand der deutschen Handwerksberufe veranschaulichen. In Deutschland werden alle Handwerker nach dem gleichen Muster, dem dualen System, ausgebildet und sind innerhalb Deutschlands daher gleichwertige »Facharbeiter«. Nicht so in Neuseeland: Hier werden manche deutschen Handwerksausbildungen auf Level 3 eingestuft und andere auf Level 4. Es ist leider nur schwer vorherzusagen, welche Handwerksausbildung mit welchem Level bewertet wird. Die Lehre eines deutschen Rohrleitungsbauers wurde zum Beispiel auf Level 4 eingestuft, während die Klempnerlehre eines anderen Deutschen mit nur Level 3 bewertet wurde. Das lag allerdings nicht daran, dass der eine Rohrleitungsbauer war (also größere Rohre im Straßenbau verlegt hat) und der andere eben »nur« Klempner, denn beide wurden hier als *plumber*, also Klempner, eingestuft.

Gegen solche »Fehlentscheidungen« (aus deutscher Sicht) vorzugehen, lohnt sich nur in seltenen Fällen, denn die *New Zealand Qualifications Authority* hat in Neuseeland quasi ein Entscheidungsmonopol. Kein Gericht traut sich an die Materie heran; verständlich, wenn man bedenkt, dass sich die Gerichte hier dann mit Ausbildungssystemen aus aller Herren Länder beschäftigen müssten.

Eine Pauschalaussage kann aber immerhin getroffen werden: Alle Handwerksmeister werden mit mindestens Level 4 bewertet und kommen daher in den Genuss von Einwanderungspunkten für ihre Ausbildung. Wenn der Beruf jetzt noch auf der Liste der anerkannten Berufe steht, kann nichts mehr schief gehen!

Bis jetzt sind in meiner eigenen Praxis auch alle deutschen Universitäts- und Fachhochschuldiplome anerkannt worden, so dass ich mir das Pauschalurteil erlaube, dass alle Uni- und Fachhochschulabschlüsse mit entweder 50 oder manchmal sogar 55 Punkten bewertet werden. Einziger Vorbehalt ist, wie schon oben angedeutet, die Undurchschaubarkeit des Entscheidungsfindungsprozesses der *New Zealand Qualifications Authority*.

Berufe müssen vom entsprechenden Berufsverband anerkannt sein!

Ein weiterer Vorbehalt ergibt sich aus der Notwendigkeit, dass man in manchen Berufen vom entsprechenden neuseeländischen Berufsverband (*Registration Authority*) anerkannt sein muss, bevor man Punkte für seine Ausbildung erhält. Ein gutes Beispiel sind die Ärzte, die zwar von der *New Zealand Qualifications Authority* mit Level 7 oder höher eingestuft werden, aber trotzdem beim *Medical Council* eine berufliche Registrierung brauchen. Ähnlich verhält es sich bei Krankenschwestern, Elektrikern und Lehrern, um nur ein paar zu nennen. Um die berufliche Registrierung kommt man jedoch herum, wenn man ein Arbeitsangebot in einem Bereich nachweisen kann, der keiner Registrierung bedarf. Allerdings muss ein Job-Angebot natürlich trotzdem mit der Ausbildung oder vorherigen Berufserfahrung im Zusammenhang stehen. Ein Arzt, der zum Beispiel ein Job-Angebot bei einer pharmazeutischen Firma im Management bekommt, braucht sich nicht der beruflichen Registrierung zu unterziehen.

Grundsätzlich ist es möglich, auch ohne Ausbildung ein *Permit* zu erhalten.

An dieser Stelle bietet sich der Hinweis an, dass es grundsätzlich auch möglich ist, ohne Ausbildung beziehungsweise ohne anerkannte Ausbildung einen *Residence Permit* zu erhalten. Das war nicht immer so und ist auch jetzt nicht ohne weiteres möglich, obwohl man beim jetzigen Stand der Dinge ja mit einem *Job Offer* und ausreichend relevanter Berufserfahrung durchaus die 100 Punkte erzielen kann, die ausreichen, um aus dem EOI-Pool ausgewählt zu werden (Stand April 2009). Das Problem ist allerdings, wie oben in Kapitel 3.1.1.1 genauer beschrieben, dass der Mangel einer (anerkannten) Ausbildung Einfluss auf die Frage hat, ob der Job in Neuseeland als *skilled employment* bewertet wird oder nicht.

Unter *qualifications* kann man auch wieder Bonuspunkte erzielen. Wie schon beim Punkt *work experience* gilt auch hier, dass es nur Bonuspunkte für die *identified future growth area* gibt, wenn man auch gleichzeitig ein Arbeitsangebot im gleichen Bereich vorweisen kann. Auf jeden Fall gibt es aber einen Bonus von zehn Punkten, wenn man eine Ausbildung hat, die auf der Liste der *absolute skills shortages* (oder *long term skill shortages*) steht. Außerdem werden neuseeländische Ausbildungen mit Bonuspunkten honoriert und ebenfalls die Ausbildung des Ehe- oder Lebenspartners unter der Voraussetzung, dass er/sie auch den Englischtest mit mindestens Level 6,5 (siehe 3.7.1) besteht.

3.1.1.4 Close Family Support

Mit *close family* sind direkte Verwandte gemeint, also Eltern, Geschwister und (erwachsene) Kinder des Haupt- oder Mitantragstellers, die zur Zeit der Antragstellung in Neuseeland leben und deren *Residence Permits* nicht unter einer Bedingung stehen (nach *Section 18A* des *Immigration Act*). Tanten und Onkel helfen leider nicht weiter!

3.1.1.5 Age

Zum Thema Alter sollten eigentlich keine weiteren Erklärungen notwendig sein, schließlich ist es offensichtlich, dass es mehr Punkte gibt, je jünger man ist. Offensichtlich ist auch, dass es ab 45 einen Punkteabzug von zehn Punkten gibt, anstatt nur fünf Punkte wie in den anderen Altersstufen. Nicht so offensichtlich ist der maßgebliche Zeitpunkt, an dem das Alter berechnet wird. Man sollte meinen, dass dies die Einreichung der EOI ist, denn das ist ja schließlich der Zeitpunkt, an dem die Behörde das Alter abfragt. Leider ist dem nicht so! Maßgeblicher Zeitpunkt ist der Tag, an dem der Antrag auf *Permanent Residence* bei der Behörde eingeht. Wer also am 10. Januar 2009 aus dem Pool der Bewerber im Alter von 55 Jahren ausgewählt wurde und am 10. Februar 2009 seinen 56. Geburtstag feiert, hat kaum Chancen, seinen *Residence*-Antrag vor seinem 56. Geburtstag einzureichen, denn zwischen der Auswahl aus dem EOI-Pool und der ITA (*Invitation to Apply*) vergehen in der Regel vier bis acht Wochen – und ab 56 ist Schluss!

Skill Shortage und andere Listen 3.1.1.6

Wer sich mit dem Thema Einwanderung nach Neuseeland beschäftigt, stolpert immer wieder über diverse Listen, insbesondere im Kontext der *Skilled Migrant Category*. Zum besseren Verständnis hier eine Aufstellung und Beschreibung der relevantesten Listen:

a) Immediate Skill Shortage List

Diese Liste ist nicht mit der *Long Term Skill Shortage List* zu verwechseln. Die *Immediate Skill Shortage List* hat für die *Skilled Migrant Category* keine Bedeutung. Sie dient lediglich der Vereinfachung des *Work-Permit*-Verfahrens (befristete Arbeitserlaubnis). Im *Work-Permit*-Verfahren muss grundsätzlich nachgewiesen werden, dass man keinem Neuseeländer einen Arbeitsplatz wegnimmt (anders als im *Residence-Permit*-Verfahren, wo das keine Rolle spielt). In Berufen der *Immediate Skill Shortage List* wird fingiert, dass keine neuseeländischen Arbeitsplätze in Gefahr sind. Der Nachweis erübrigt sich daher.

Wenn es um Anträge auf *Permanent Residence* geht, sollte man um die *Immediate Skill Shortage List* einen großen Bogen machen, denn die Liste kann leicht zu Verwirrung führen! Wie schon oben beschrieben, ist der Fahrradmechaniker (Stand April 2009) zwar auf der *Immediate Skill Shortage List*, gehört aber trotzdem nicht zu den Berufen, die als *skilled employment* anerkannt werden. Als Fahrradmechaniker hat man daher im *Residence*-Verfahren (dem eigentlichen Einwanderungsverfahren) keine Chancen! Ähnlich verhält es sich mit einigen anderen Berufen auf der *Immediate Skill Shortage List*!

Hier kann man sich die Liste herunterladen: http://www.immigration.govt.nz/NR/rdonlyres/89185A40-27D3-41F4-84BE-30129920411D/0/ISSL.pdf

b) Long Term Skill Shortage List

Dies ist eine Aufstellung der Berufe, die (nach Einschätzung des Immigrationsbüros) am dringendsten gebraucht und auch noch langfristig in Bedarf sein werden. Nur Berufe, die hier aufgelistet sind, bringen im Rahmen der *Skilled Migrant Category* Bonuspunkte und damit unter Umständen die Möglichkeit, dass man ohne *Job Offer* unterhalb der 140-Punkte-Schwelle einwandern kann. An manchen Stellen wird in diesem Zusammenhang auch die Begrifflichkeit *area of absolute skill shortage* verwendet.

Hier kann man sich die Liste herunterladen: http://www.immigration.govt.nz/NR/rdonlyres/063ECB35-F5D5-44D8-8325-7041A727A9D5/0/1093.pdf

Die hier aufgelisteten Berufe helfen außerdem beim *Work-Permit*-Verfahren, das heißt, in diesen Berufen erübrigt sich ebenfalls der Nachweis, dass keinem Neuseeländer ein Arbeitsplatz weggenommen wird.

Die weiter unten (siehe Kapitel 3.5) beschriebene *Work to Residence Category* baut in einer ihrer Varianten auch auf der *Long Term Skill Shortage List* auf.

c) List of skilled occupations

Diese im Appendix 11 der Verwaltungsvorschriften zu findende Liste von circa 650 Berufen hat Einfluss auf die Frage, ob ein Arbeitsangebot eines neuseeländischen Arbeitgebers *skilled employment* ist. Nur Berufe auf der Liste kommen als *skilled employment* in Betracht! Nochmal zur Klarstellung: Wer ein Arbeitsangebot in einem Beruf hat, der nicht auf der Liste steht, bekommt keine Punkte für seinen *Job Offer*, es sei denn, es handelt sich um einen Beruf, der mal wieder auf einer anderen Liste steht, nämlich der Liste im Appendix 12 der Verwaltungsvorschriften, auf die ich hier nicht gesondert eingehen will. Stand April 2009 ist auf der so genannten Liste nämlich nur ein Beruf gelistet. Bei dem Beruf handelt es sich um *Prison Officer*, also Gefängniswärter.

Die *list of skilled occupations* hat außerdem Einfluss auf die Frage, ob eine (deutsche) Ausbildung, die von der NZQA als vergleichbar mit einem *New Zealand National Certificate* auf Level 4 eingestuft wurde, Punkte im Einwanderungsverfahren erzielen wird. Nur Berufe, die im *Part B* und *Part C* der Liste genannt sind, fallen darunter!

d) Australia and New Zealand Standard Classification of Occupations (ANZSCO)

Ohne diese circa 900 Seiten dicke Publikation, die auf der Webseite des *Australian Bureau of Statistics* veröffentlicht ist, ist die oben genannte Liste der *skilled occupations* ziemlich aussagelos. Wer wissen will, was genau sich hinter Berufsbezeichnungen wie *Engineering Manager*, *ICT Project Manager*, *Civil Engineering Technician*, *Bricklayer* oder *Fitter and Turner* (um nur einige Berufe zu nennen) verbirgt oder was der Unterschied zwischen *Chef* und *Cook* ist (der eine Koch hat eine *skilled occupation*, der andere Koch unter Umständen nicht!), der kommt um die ANZSCO nicht herum! Um Missverständnisse zu vermeiden, sei darauf hingewiesen, dass die Tatsache, dass man seinen Beruf in der ANZSCO wiederfindet, nicht bedeutet, dass es sich um eine *skilled occupation* handelt – die ANZSCO erläutert lediglich die verschiedenen Berufsbilder genauer.

Nicht selten kommt es vor, dass man trotz der vielen Berufe seinen Beruf nicht in der ANZSCO findet

– ein echtes Dilemma, denn Bürokraten denken gerne in Schubladen und wenn man in keine reinpasst, hat man ein Problem!

Wie oben unter *skilled employment* näher erläutert, ergibt sich aus der ANZSCO auch, wie viele Jahre relevanter Berufserfahrung man nachweisen muss, um gegebenenfalls eine (anerkannte) Ausbildung ersetzen zu können.

e) List of occupational registration

Einige Berufe werden zwar gesucht, man bekommt aber nicht ohne weiteres die Zulassung zur Ausübung...

In vielen Berufen darf man in Neuseeland nur praktizieren, wenn man eine berufliche Zulassung hat. Das gilt unter anderem für folgende Berufe: Ärzte, Krankenschwestern, Elektriker, Klempner, Physiotherapeuten, Zahnärzte, Zahntechniker, Lehrer, Architekten, Anwälte und ab Mai 2009 auch Einwanderungsberater. Die vollständige und aktuelle Liste findet man im *Operational Manual*, den Verwaltungsvorschriften zum Einwanderungsrecht. Insgesamt sind 32 Berufe aufgelistet.

Wenn man seinen Beruf auf dieser Liste wiederfindet, dann hat das folgende Konsequenzen:

- Man kann sich ohne *Job Offer* in der Regel nicht für einen *Residence Permit* qualifizieren, weil einem meist keine Punkte für die Ausbildung gewährt werden und
- man bekommt ohne Registrierung unter Umständen keine Punkte für einen *Job Offer*.

In den wenigsten (deutschen) Fällen ist eine volle berufliche Zulassung (*full license*) auf Anhieb erreichbar. Dafür braucht man in der Regel neuseeländische

Praxis und/oder muss ein Examen bestehen. Für das Einwanderungsverfahren reicht aber auch eine provisorische Zulassung (*provisional license*) aus. Jedes berufliche Zulassungsverfahren ist anders und die Regelungen ändern sich auch ständig, so dass es den Rahmen dieses Ratgebers sprengen würde, zu jedem einzelnen Verfahren Stellung zu nehmen.

Jedes berufliche Auswanderungsverfahren ist anders...

Allerdings folgen alle Zulassungsverfahren einem ähnlichen Strickmuster. In Berufen, die einen hohen Kommunikationsstandard erfordern, also zum Beispiel bei Ärzten und Krankenschwestern, wird ein Sprachtest für die Zulassung verlangt. Der Sprachtest ist für die meisten, deren Muttersprache nicht Englisch ist, die erste und schwierigste Hürde. Es handelt sich, wie im Einwanderungsverfahren, um den IELTS-Test (*International English Language Testing System*). Meist wird in diesen Berufen ein sehr hohes Englisch-Niveau verlangt und der Kandidat wird anhand des akademischen IELTS-Tests geprüft. Die akademische Version des IELTS-Tests ist sehr viel schwieriger als der IELTS-Test, der für das *Residence*-Verfahren verlangt wird (der so genannte *General IELTS Test*). Obwohl die Anforderungen von Beruf zu Beruf variieren, kann man trotzdem allgemeingültig sagen, dass man nicht nur ausgezeichnet Englisch sprechen muss, sondern auch gut mit dem Testformat vertraut sein sollte, das heißt, man sollte sich, selbst wenn man sehr gut Englisch spricht, gezielt auf den Test vorbereiten!

In Berufen, die einen geringeren Kommunikationsstandard erfordern, also zum Beispiel bei Klempnern und Elektrikern, kommt man zumindest am Anfang um den Englischtest herum. Meist gibt es eine provisorische Zulassung (*provisional licence*), die man bekommt, wenn man passende berufliche Qualifikationen und Zeugnisse nachweisen kann. Man muss dann aber zunächst bis zur vollen Zulassung (*full license*) unter Aufsicht (*supervision*) eines voll zugelassenen Arbeitgebers arbeiten. Nach und nach kann man dann vor Ort die restlichen Zulassungsanforderungen erfüllen, bis man irgendwann voll zugelassen ist (meist nach Abschluss einer Prüfung).

Bei genauerer Betrachtung der zulassungspflichtigen Berufe fällt auf, dass die meisten auch auf den Listen der besonders gesuchten Berufe in Neuseeland zu finden sind – also sowohl auf der *Long Term Shortage List* als auch auf der *Immediate Skill Shortage List*. Mit anderen Worten, auf der einen Seite wird damit geworben, dass Neuseeland dringend Ärzte und Krankenschwestern braucht, während auf der anderen Seite strenge Zulassungsanforderungen gestellt werden.

Auf der einen Seite wird damit geworben, dass Neuseeland dringend Ärzte und Krankenschwestern braucht, während auf der anderen Seite strenge Zulassungsanforderungen gestellt werden.

Am einfachsten haben es die beiden Handwerksberufe auf der Liste. Klempner und Elektriker brauchen keinen Englischtest zu absolvieren und erhalten eine provisorische Zulassung mit Nachweis passender Ausbildungen. Unter Umständen kann man das Zulassungsverfahren vermeiden, wenn man ein Arbeitsangebot in einem Bereich nachweisen kann, der keiner Registrierung bedarf, also zum Beispiel der bereits erwähnte Mediziner, der anstatt als Arzt in einem Pharmazieunternehmen eine Anstellung gefunden hat.

Wer all die oben beschriebenen Kriterien und Listen verstanden hat, sollte für die EOI gut gewappnet sein und seine Einwanderungsabsicht online verkünden können. Man kann sich aber auch leicht vertun, wenn es um die Bewertung der eigenen Punkte im *Expression-of-Interest*-Verfahren geht, und zwar sowohl nach oben als auch nach unten. Leicht übersieht man zum Beispiel, dass es manche Bonuspunkte nur gibt, wenn man einen *Job Offer* im gleichen Bereich hat!

Wer zu viele Punkte im *Expression-of-Interest*-Verfahren angibt, wird von *Immigration New Zealand* zurechtgestutzt. Spätestens im eigentlichen Antragsverfahren werden (unbeabsichtigte) »Hochstapeleien« aufgedeckt. Keine Sorge, wer versehentlich falsche Angaben macht, braucht keine Sanktionen zu befürchten – lediglich eine Korrektur nach unten, was im schlimmsten Fall eben zur »Ausladung« nach der *Invitation to Apply* führt. Wer auf der anderen Seite zu wenig Punkte angibt, wird nicht hochgestuft – das ist dann einfach Pech, wenn man am Ende dann den gewünschten *Residence Permit* nicht erhält.

Invitation to Apply und Antrag auf Permanent Residence 3.1.2

Der Ablauf nach Einreichung der EOI sieht wie folgt aus. In der Regel innerhalb einer Woche nach Auswahl aus dem Pool erhält man ein computergeneriertes Schreiben mit der Mitteilung, dass man aus dem Pool ausgewählt wurde.

Innerhalb von zwei Monaten (manchmal auch innerhalb von zwei Wochen) sollte man dann die ITA (*Invitation to Apply*) erhalten. Bevor die ITA rausgeht, werden die Daten allerdings doch noch einmal von einem Sachbearbeiter auf Schlüssigkeit überprüft

– bis jetzt war ja alles vom Computer generiert. Oft kommt es in diesem Stadium, also vor Erhalt der ITA, schon zu den ersten Nachfragen, insbesondere, wenn sich schon jetzt »Stolpersteine« abzeichnen, wie zum Beispiel die *skilled-employment*-Problematik. Wer den Sachbearbeiter nicht überzeugen kann, fliegt dann unter Umständen aus dem EOI-Verfahren raus.

Wer die EOI-Hürde übersprungen hat, erhält einen Brief, die *Invitation to Apply*, die den eigentlichen Antrag auf *Permanent Residence* (unbefristete Aufenthalts- und Arbeitserlaubnis) einleitet. Die vom Antragsteller im *Expression-of-Interest*-Verfahren online gemachten Angaben werden einfach ausgedruckt und so zum individuellen Antragsformular (40 bis 50 Seiten), oder um die genaue Bezeichnung zu verwenden, zur *Application for Residence in New Zealand under the Skilled Migrant Category*.

Im eigentlichen *Residence*-Verfahren geht es darum, die Angaben, die man in seiner *Expression of Interest* gemacht hat, zu belegen – durch Vorlage von Zeugnissen und Urkunden. Außerdem müssen die Antragsteller sich einer medizinischen Untersuchung unterziehen und Führungszeugnisse einreichen. Darüber hinaus wird von *Immigration New Zealand* geprüft, ob die Angaben (und Nachweise) auch tatsächlich den Anforderungen des Einwanderungsrechts gerecht werden.

Man sollte denken, zum Verfahrensabschluss gäbe es zwei Möglichkeiten: Entweder kann man die Angaben in der *Expression of Interest* nachweisen, dann wird der Antrag auf *Permanent Residence* genehmigt

– oder man kann sie nicht nachweisen, dann wird der Antrag abgelehnt. Aber so simpel ist es nicht; es gibt nämlich drei Klassen von Genehmigungen – und natürlich, als vierte Variante, auch eine Ablehnung des Antrages.

Erste Klasse:
Ein unbeschränkter *Residence Permit*, also das, was man eigentlich beantragt hat – ein lebenslanges Recht, in Neuseeland leben und arbeiten zu dürfen. Man kann nach Erhalt des *Residence Permit* auch aufhören zu arbeiten oder einen anderen Beruf ausüben, denn es besteht kein Zwang, sein Leben lang in dem Job weiterzuarbeiten, der einem den *Residence Permit* verschafft hat.

Zweite Klasse:
Ein beschränkter *Residence Permit*, der die endgültige Genehmigung vom Nachweis abhängig macht, dass der Hauptantragsteller auch tatsächlich mindestens drei Monate in seinem Beruf hier gearbeitet hat. Präzise ausgedrückt, handelt es sich um eine *Section-18A*-Genehmigung, eine Genehmigung, die gemäß *Section 18A* des *Immigration Act* eingeschränkt ist.

Dritte Klasse:
Man bekommt keinen *Residence Permit*, sondern zum zweiten Mal eine *Invitation to Apply* – diesmal eine *Invitation to Apply for a Work to Residence Permit*, eine Einladung, einen auf neun Monate befristeten *Work Permit* (Arbeitserlaubnis) beantragen zu dürfen. Während dieser Zeit wird der noch laufende *Residence*-Antrag zurückgestellt. Wer es schafft, innerhalb der neun Monate *skilled employment*

nachzuweisen, erhält den ursprünglich beantragten *Residence Permit*.

Die Entscheidung, ob eine beziehungsweise welche dieser Genehmigungen erteilt wird, hängt von der Einschätzung der Behörde ab, wie der Antragsteller sich in Neuseeland etablieren wird, oder in den Worten von *Immigration New Zealand*, je nach »ability to successfully settle in and contribute to New Zealand«. Hauptkriterium ist dabei, wie hoch die Chancen eingeschätzt werden, dass der Antragsteller Arbeit in seinem Beruf findet. Eine Rolle spielt auch, ob der Antragsteller Verwandte, Freunde und Kontakte in Neuseeland hat und wie gut er Neuseeland, und insbesondere den hiesigen Arbeitsmarkt, kennt.

Hauptkriterium bei der Auswahl ist, wie hoch die Chancen eingeschätzt werden, dass der Antragsteller Arbeit in seinem Beruf findet.

Kandidaten, die bereits in Neuseeland mit einem *Work Permit* (einer befristeten Arbeitserlaubnis) arbeiten, haben ihre Fähigkeit, sich erfolgreich in Neuseeland zu etablieren, in der Regel damit unter Beweis gestellt. Sie haben optimale Chancen, einen unbeschränkten *Residence Permit* (Daueraufenthalts- und Arbeitserlaubnis) genehmigt zu bekommen.

Wer zwar noch nicht in Neuseeland arbeitet, aber bereits ein Jobangebot hat, wird in der Regel zwar nicht so großzügig behandelt, hat aber immerhin auch gute Chancen, einen *Residence Permit* genehmigt zu bekommen. In den meisten Fällen wird die endgültige Genehmigung allerdings vom Nachweis abhängig gemacht (gemäß *Section 18A* des *Immigration Act*), dass der Hauptantragsteller auch tatsächlich mindestens drei Monate in seinem Beruf hier gearbeitet hat. Wer das nicht nachweisen kann, weil zum Beispiel der Chef nicht zufrieden ist, und wer dann alternativ keinen anderen Job in seinem Beruf findet, der verliert seinen *Residence Permit* wieder.

Wer weder in Neuseeland arbeitet noch einen *Job Offer* hat, wird in der Regel von *Immigration New Zealand* interviewt. Diejenigen, die zu der Zeit noch in Deutschland leben, werden in der Regel in einem Telefoninterview von der neuseeländischen Botschaft in London eingeschätzt. Wer zur Zeit der Antragstellung in Neuseeland ist, wird vor Ort in einem der Büros von *Immigration New Zealand* befragt. Man will sich persönlich von den Qualitäten des Kandidaten überzeugen und sich ein Bild davon machen, ob (nach Ansicht des Einwanderungsbeamten) gute Chancen auf eine erfolgreiche und für die neuseeländische Wirtschaft nützliche Eingliederung bestehen. Wer es bis zum Interview geschafft hat, hat gute Chancen, eine zunächst auf neun Monate beschränkte Arbeitserlaubnis (*Work Permit*) zu bekommen. In manchen Fällen, wenn die Jobaussichten nach Ansicht des Immigrationsbüros besonders gut sind – also zum Beispiel in den Berufen der *Long Term Skill Shortage List* – wird sogar auch ohne *Job Offer* ein unbeschränkter *Residence Permit* genehmigt. Wer dagegen die Beamten nicht von sich überzeugen kann, wird freundlich wieder ausgeladen.

Wer es bis zum Interview geschafft hat, hat gute Chancen,

Auf das Interview kann man sich gut vorbereiten, denn die Fragen der Beamten sind vorhersehbar beziehungsweise eigentlich immer wieder die gleichen. Der offizielle Fragenkatalog ist vier Seiten lang und beschäftigt sich mit den oben angesprochenen Themenbereichen.

3.2 Investor Category

...eine Einwanderungskategorie speziell für Investoren...

Schon seit Einführung der ersten *Immigration Policy* aufgrund des *Immigration Act* 1987 gab es eine *Investor Category*, eine Einwanderungskategorie speziell für Investoren, die imstande und willens sind, ihr Geld in Neuseeland anzulegen. Obwohl die *Investor Category* sich über die Jahre hinweg starke Änderungen gefallen lassen musste, ist die Grundidee die gleiche geblieben. Man möchte Investoren für die neuseeländische Wirtschaft gewinnen. Sinn und Zweck war allerdings nie, dass man sich mit Geld einfach ein Aufenthaltsrecht für Neuseeland erkaufen kann.

In den ersten Jahren, Anfang der 1990er, ist aber genau das passiert. Man konnte mit einer Million NZ$ (anfangs reichten sogar 750.000 NZ$) relativ einfach einen *Residence Permit* ergattern. Simplifiziert zusammengefasst reichte es aus, dass man die Million NZ$ bei einer der Banken in Neuseeland (die ja in den meisten Fällen noch nicht einmal in neuseeländischem Besitz waren) auf einem Festgeldkonto für die Dauer von zwei Jahren anlegte. Man musste (unter Ausnutzung der *Residence-Return-Visa*-Regelungen) noch nicht einmal hier leben und konnte nach zwei Jahren das Geld wieder abziehen, hatte aber ein lebenslanges Aufenthaltsrecht (sozusagen ein zweites Standbein) für sich und seine Familie in Neuseeland gewonnen.

Im Jahre 2005 war Schluss damit! Wer über die *Investor Category* herkommen wollte, musste dem neuseeländischen Staat mindestens zwei Millionen NZ$ zur freien Verfügung stellen. Das Geld (Investition konnte man das nicht mehr nennen) wurde dann nach fünf Jahren unverzinst zurückgegeben. Kein Wunder also, dass die im Juli 2005 eingeführte und bis November 2007 geltende *Investor Category* ein Flop war. Es gab nur 18 Antragsteller, die über diese Kategorie einwandern wollten. Wie schon in der ersten Auflage von Für immer Neuseeland vorhergesagt, machte die *Investor Category* des Jahres 2005 »nur für die Wenigsten Sinn«, so dass nach zwei Jahren eine völlig neu überarbeitete *Investor Category* eingeführt wurde.

Die seit November 2007 geltenden Regeln machen deutlich mehr Sinn und haben auch einen neuen Namen: *Active Investor Migrant Policy*. Diese ist wiederum in drei Unterkategorien eingeteilt: die *Global Investor Category*, die *Professional Investor Category* und die *General (Active) Investor Category*. Die ersten beiden Kategorien wenden sich an Investoren, die bereit sind, Kapital in Höhe von mindestens 20 beziehungsweise 10 Millionen NZ$ (also ungefähr 10 beziehungsweise 5 Millionen Euro) zu investieren. Für die *General (Active) Investor Category* reicht dagegen ein Mindestkapital von 3,5 Millionen NZ$ (circa 1,75 Millionen Euro).

Alle Investor-Anträge werden in Wellington bei der eigens für Business- und Investor-Anträge eingerichteten *Business Migration Branch* bearbeitet (also auch die, welche in die weiter unten beschriebene *Entrepreneur*- und *Long-Term-Business*-Kategorie fallen).

Global Investor Category 3.2.1

Diese Kategorie verlangt mit 20 Millionen NZ$ den höchsten Kapitaleinsatz. Diesem offensichtlichen Nachteil gegenüber den anderen Kategorien, die wesentlich weniger Einsatz verlangen, stehen folgende Vorteile gegenüber:

- Keine Altersbeschränkung: Wer das Kapital hat, kann auch noch mit 85 einwandern!
- Kein Englischtest
- Man muss sich nur 73 Tage im Jahr in Neuseeland aufhalten, um den *Residence*-Status nicht wieder zu verlieren.

Der letzte »Vorteil« bedarf aus deutscher Sicht einer kurzen Erklärung. Die meisten Deutschen, die nach Neuseeland einwandern, gehören nicht zur Jetset-Gesellschaft, die mal hier und mal da leben, sondern wollen sich hier ernsthaft und dauerhaft niederlassen. Außerdem scheint Neuseeland noch von den Reichen und Schönen des Jetsets verschont geblieben zu sein. Wer aber in China, Hongkong, Südafrika oder anderen politisch nicht so stabilen Ländern lebt, für den ist ein zweites Standbein in Neuseeland durchaus eine attraktive Vorsichtsmaßnahme! Oft wird auch vorausschauend an die nächste Generation gedacht!

Neben den üblichen, für alle Einwanderungskategorien geltenden Kriterien (Gesundheitscheck und Charaktercheck) muss der Antragsteller folgende Voraussetzungen erfüllen:

- Mindestens vier Jahre Unternehmer- oder Managementerfahrung müssen nachgewiesen werden. Der Hintergedanke dabei ist, dass Unternehmer und Manager eher geneigt sind, zu investieren oder wieder unternehmerisch aktiv zu werden, als vielleicht ein Buchautor, der einfach nur viel Geld hat. Wirtschaftliche Aktivität ist eine der Wunschvorstellungen des Einwanderungsministeriums!

- Die Eigentümerschaft von 20 Millionen NZ$ muss nachgewiesen werden. Das Vermögen muss zur Zeit der Antragstellung noch nicht liquide sein, kann also in Immobilien oder anderen nicht ohne weiteres zu liquidierenden Anlagen stecken. Das Eigentum darf auch Teil des gemeinsamen Eigentums mit dem oder der Ehepartner(in) und/oder den Kindern sein.
- Das Vermögen muss legal erworben sein, also zum Beispiel keine Geldwäsche. Erbschaften und Lottogewinne sind aber durchaus legitim!
- Vor Genehmigung des *Residence*-Antrages müssen die 20 Millionen NZ$ auf normalem Bankwege nach Neuseeland transferiert werden.
- 5 Millionen NZ$ müssen in so genannte *Active Investments* investiert werden, also zum Beispiel direkt in neuseeländische Firmen, neuseeländische Aktien oder neuseeländische Investmentfonds. Der Rest kann in ganz normale Festgeldanlagen einer neuseeländischen Bank investiert werden.
- Die Gesamtsumme (also 20 Millionen NZ$) muss für einen Zeitraum von mindestens vier Jahren in Neuseeland investiert werden.

Professional Investor Category 3.2.2

Diese Kategorie verlangt einen Kapitaleinsatz von mindestens 10 Millionen NZ$ und bietet gegenüber der unten beschriebenen *General Investor Category* folgende Vorteile:

- Die Altersbeschränkung liegt bei 64 Jahren.
- Ein Englischtest ist zwar erforderlich, es wird aber nur ein sehr niedriges Niveau verlangt.
- Man muss sich nur 109 Tage im Jahr in Neuseeland aufhalten, um den *Residence*-Status nicht wieder zu verlieren.

Neben den für alle Einwanderungskategorien geltenden Kriterien (Gesundheitscheck und Charaktercheck) muss der Antragsteller folgende Voraussetzungen erfüllen:

- Wie bei der *Global Investor Category* näher ausgeführt, müssen mindestens vier Jahre Unternehmer- oder Managementerfahrung nachgewiesen werden.
- Die Eigentümerschaft von 10 Millionen NZ$ muss nachgewiesen werden. Das Vermögen muss zur Zeit der Antragstellung noch nicht liquide sein, kann also in Immobilien oder anderen nicht ohne weiteres zu liquidierenden Anlagen stecken. Das Eigentum darf auch Teil des gemeinsamen Eigentums mit dem oder der Ehepartner(in) und/oder den Kindern sein.
- Das Vermögen muss legal erworben sein, also zum Beispiel keine Geldwäsche. Erbschaften und Lottogewinne sind aber durchaus legitim!
- Vor Genehmigung des *Residence*-Antrages müssen die 10 Millionen NZ$ auf normalem Bankwege nach Neuseeland transferiert werden.
- 2 Millionen NZ$ müssen in so genannte *Active Investments* investiert werden, also zum Beispiel direkt in neuseeländische Firmen, neuseeländische Aktien oder neuseeländische Investment-

fonds. Der Rest kann in ganz normale Festgeldanlagen einer neuseeländischen Bank investiert werden.
- Die Gesamtsumme (also 10 Millionen NZ$) muss für einen Zeitraum von mindestens vier Jahren in Neuseeland investiert werden.

General (Active) Investor Category 3.2.3

Da das Mindestkapital mit 3,5 Millionen NZ$ deutlich unter dem Level der anderen Kategorien liegt, sollten alle, die jünger als 55 Jahre sind, diese Kategorie vorrangig in Betracht ziehen. Zwar wird auch hier der Nachweis von Englischkenntnissen verlangt, aber das Niveau, das verlangt wird, ist für die meisten Deutschen realistisch erreichbar. Das Niveau ist zwar etwas höher als bei der *Professional Investor Category*, aber trotzdem noch deutlich unter dem, was die *General Skills Category* verlangt. Selbst mit rostigem Schulenglisch sollte das zu schaffen sein.

Kandidaten, die das Mindestkapital nachweisen können, werden (wie bei der *Skilled Migrant Category*) mit Hilfe einer Punktebewertung ausgewählt. Punkte gibt es für Alter, Jahre an Geschäftserfahrung, Art der Geschäftserfahrung, Investmenthöhe (man kann auch mehr als das Minimum investieren, was mit Zusatzpunkten belohnt wird) und Art der Investments.

Auf den folgenden Seiten sind die Kriterien aufgelistet, nach denen Punkte vergeben werden. Die Tabelle wurde bewusst in der Originalsprache belassen, um eventuelle sprachliche Missverständnisse zu vermeiden.

Factors	Points
Age (20 to 54 yrs):	
• 20 – 29	25
• 30 – 34	20
• 35 – 39	15
• 40 – 44	10
• 45 – 54	5
Business experience:	
• 4 – 5 years	40
• 6 – 9 years	45
• 10 - 14 years	50
• 15 – 19 years	55
• 20+ years	60
Bonus points for business experience:	
• Export Linkages	5
• Entrepreneurship	5
• Management Skills	5
Additional bonus points for business experience in identified future growth areas:	
• Export Linkages	5
• Entrepreneurship	5
• Management Skills	5
Investment Amount:	
• $8+ million	90
• $7 million	85
• $6 million	80
• $5 million	75
• $4 million	70

• $3 million	60
• $2.5 million	50

Bonus points for active investment:

• $4+ million	16
• $3.75 million	15
• $3.5 million	14
• $3.25 million	13
• $3 million	12
• $2.75 million	11
• $2.5 million	10
• $2.25 million	9
• $2 million	8
• $1.75 million	7
• $1.5 million	6
• $1.25 million	5
• $1 million	4
• $0.75 million	3
• $0.5 million	2

Ähnlich wie bei der *Skilled Migrant Category* ist das Verfahren wieder in eine *Expression of Interest* (EOI) und eine *Invitation to Apply* (ITA) aufgeteilt. Anders als im *Skilled-Migrant-Category*-Verfahren kann man die EOI aber nicht online abgeben, sondern muss ganz altmodisch ein Formular (23 Seiten) per Hand ausfüllen.

Die Mindestpunktzahl, die man erzielen muss, um in den Pool der Bewerber zu kommen, ist 95 Punkte. Mindestkriterien, die neben den üblichen, für alle Einwanderungskategorien geltenden Kriterien (Gesundheitscheck und Charaktercheck) erfüllt werden müssen, sind folgende:

- Wie bei der *Global Investor Category* näher ausgeführt, müssen mindestens vier Jahre Unternehmer- oder Managementerfahrung nachgewiesen werden.
- Die Eigentümerschaft von 3,5 Millionen NZ$ muss nachgewiesen werden. Das Vermögen muss zur Zeit der Antragstellung noch nicht liquide sein, kann also in Immobilien oder anderen nicht ohne weiteres zu liquidierenden Anlagen stecken. Das Eigentum darf auch Teil des gemeinsamen Eigentums mit dem oder der Ehepartner(in) und/oder den Kindern sein.
- Das Vermögen muss legal erworben sein, also zum Beispiel keine Geldwäsche. Erbschaften und Lottogewinne sind aber durchaus legitim!
- Vor Genehmigung des *Residence*-Antrages müssen die 3,5 Millionen NZ$ auf normalem Bankwege nach Neuseeland transferiert werden.
- 1 Million NZ$ müssen als so genannte *Settlement Funds* nachgewiesen werden. Das Geld kann zu Privatzwecken, also zum Beispiel zum Hauskauf etc., verwendet werden oder kann auch außerhalb Neuseelands investiert bleiben.
- Die in Neuseeland angelegten 2,5 Millionen NZ$ müssen für einen Zeitraum von mindestens vier Jahren in *Active Investments* investiert werden, also zum Beispiel direkt in neuseeländische Firmen, neuseeländische Aktien oder neuseeländische Investmentfonds.

Seit Einführung der *Active Investor Migrant Policy* war die Mindestpunktzahl von 95 Punkten ausreichend, um bei der Poolziehung, die alle zwei Wochen stattfindet, ausgewählt zu werden. Mit anderen Worten, jeder Kandidat, der in den Pool kam, wurde auch gezogen (Stand April 2009)! Ich gehe nicht davon aus, dass sich die Punktzahl in absehbarer Zeit nennenswert erhöhen wird, da sich die 1.000 für die *Investor Category* reservierten Plätze pro Jahr nicht zu füllen scheinen.

Zur Veranschaulichung der Punktebewertung zwei Beispiele aus der Praxis:

115 Punkte: ein 49-jähriger Beamter, der, bevor er in den öffentlichen Dienst ging, über zehn Jahre lang im gehobenen Management verschiedener Firmen, unter anderem Shell und BP, tätig war. Sein Vermögen (3,5 Millionen NZ$) steckt in erster Linie in Immobilien, die er zum größten Teil geerbt hat.

Und dieses Beispiel verdeutlicht, dass zurzeit (April 2009) jeder, der die Mindestkriterien erfüllt, aus dem Pool ausgewählt wird:

95 Punkte: ein 54-jähriger Hotelbesitzer, dessen Hotel für umgerechnet 3,5 Millionen NZ$ verkauft wurde; mit vier Jahren Erfahrung im gehobenen Hotelmanagement.

Zusammenfassend lässt sich sagen, dass die *General Investor Category* eine gute Möglichkeit offeriert, sich mit sinnvollen und nicht zu risikoreichen Anlagen in Neuseeland eine Einwanderung zu »erkaufen«.

3.3 Entrepreneur Category / Long Term Business Permit Category

Diese Kategorie soll Know-how für Neuseeland gewinnen…

Neuseeland ist ein Land der Kleinunternehmer. 85 Prozent aller Firmen haben weniger als fünf Angestellte. *Small Business* ist *Big Business* in Neuseeland – wichtig für die neuseeländische Wirtschaft. Im Jahre 1999 wurde die *Entrepreneur Category* beziehungsweise die *Long Term Business Permit Category* eingeführt, so dass Einwanderer auch als Unternehmer zur neuseeländischen Volkswirtschaft beitragen können.

Sinn und Zweck ist es, ausländisches Unternehmertum, Know-how und Technologie für Neuseeland zu gewinnen. Ein simples *Bed and Breakfast* aufzumachen oder zu kaufen reicht daher nur in den seltensten Fällen aus, um die Bedingungen der *Entrepreneur Category* beziehungsweise der *Long Term Business Permit Category* zu erfüllen.

Das Einwanderungsverfahren ist zweigeteilt. Erster Schritt ist die Beantragung eines *Long Term Business Permit*, zweiter Schritt ist dann der *Entrepreneur-Category*-Antrag. Der *Long Term Business Permit* ist eine auf zunächst drei Jahre befristete Arbeitserlaubnis, die dem Antragsteller erlaubt, sein Geschäft in Neuseeland aufzubauen. Frühestens nach Ablauf von zwei Jahren und spätestens nach drei Jahren kann ein Antrag auf *Permanent Residence* (unbeschränkte Daueraufenthaltserlaubnis) gestellt werden.

Die Zweiteilung des Verfahrens gibt dem Auswanderer allerdings wenig Planungssicherheit. Im Vordergrund steht hier das Interesse der neuseeländischen Regierung, sicherzugehen, dass die neuen Unternehmer auch tatsächlich die Erwartungen erfüllen, die man in sie gesetzt hat. Im Klartext: Wer nach spätestens drei Jahren nicht unter Beweis stellen kann, dass sein Geschäft erfolgreich ist, der wird unter Umständen wieder nach Hause geschickt!

Long-Term-Business-Permit-Antrag 3.3.1

Kernstück des *Long Term Business Permit* ist der Businessplan. Der Antragsteller muss in einem Businessplan demonstrieren, dass er seine Hausaufgaben gemacht hat und weiß, was er tut. Er muss nicht nur zeigen, dass er sein Geschäft versteht, sondern auch, dass er ausreichend Marktkenntnisse von Neuseeland hat, um das Geschäft umsetzen zu können. Im Businessplan muss insbesondere herausgearbeitet werden, in welcher Weise das Vorhaben Neuseeland nützt, zum Beispiel durch:

- Einführung neuer Technologie
- Einführung oder Verbesserung von Produkten oder Dienstleistungen
- Eröffnung neuer Exportmärkte
- Schaffung von Arbeitsplätzen
- Revitalisierung eines bestehenden Geschäfts

Der Businessplan ist ein Drei-Jahres-Plan, der möglichst realistische Prognosen beinhalten sollte, schließlich wird man nach spätestens drei Jahren an seinen eigenen Projektionen gemessen. Allerdings muss man die Einwanderungsbehörde auch davon überzeugen, dass das Unternehmen innerhalb der drei Jahre profitabel ist, sonst riskiert man eine Ablehnung des Antrages.

Darüber hinaus müssen ausreichende Finanzen vorhanden sein, um erstens das geschäftliche Vorhaben umsetzen zu können und zweitens sich und seine Familie hier in Neuseeland ernähren zu können. Die beiden Dinge werden bewusst getrennt gehalten, damit, auch wenn das Geschäft nichts für den Eigentümer abwirft, genug für die Lebenshaltungskosten der Familie vorhanden ist. Auf keinen Fall will man eine Situation schaffen, in der die Familie dem neuseeländischen Staat auf der Tasche liegt.

Andere – allgemeine – Voraussetzungen, wie Geschäftserfahrung, polizeiliche Führung, medizinische Untersuchungen und Englischkenntnisse, müssen darüber hinaus natürlich auch nachgewiesen werden.

Wem es gelingt, die Behörde davon zu überzeugen, dass das Geschäftsvorhaben eine gute Idee (für Neuseeland) ist, der bekommt zunächst eine Arbeitserlaubnis für neun Monate, um das Geschäft hier zu etablieren – also Firmengründung, Geldtransfer und was sonst noch notwendig ist, um loslegen zu können. Sobald nachgewiesen ist, dass alles startklar ist, werden die restlichen 27 Monate genehmigt, um die drei Jahre voll zu machen.

Die Frage, ob die Geschäftsidee eine gute Idee für Neuseeland ist, mag für die neuseeländischen Behörden von oberster Priorität sein. Der Geschäftsmann sollte aber vor lauter Fokussierung auf die Einwanderungsbedingungen nicht den Blick auf seine eigenen Interessen verlieren. Sind drei Jahre ein realistischer Zeitrahmen, um ein Geschäft in einem fremden Land profitabel aufzubauen? Macht es Sinn, seine geschäftlichen Interessen mit dem Einwanderungsinteresse zu vermengen? Möchte man seinen geschäftlichen Erfolg von der neuseeländischen Bürokratie beurteilen lassen?

Das Dilemma lässt sich schön am Beispiel der Steuer veranschaulichen. Vom Einwanderungsblickwinkel aus gesehen, möchte man in seiner Steuerbilanz so viel Profit präsentieren wie möglich. Aus betriebswirtschaftlicher und steuerlicher Sicht wird man eher dazu neigen, möglichst wenig Profit zu zeigen (im Rahmen der steuerrechtlichen Möglichkeiten, versteht sich). Will man seinem Steuerberater sagen, dass man in den ersten drei Jahren so viel Steuern wie möglich zahlen will?

All diese Fragen muss jeder für sich selber beantworten. Bevor man sich allerdings auf das Abenteuer *Long Term Business Permit* und *Entrepreneur Category* einlässt, sollte man prüfen, ob es nicht andere, bessere Möglichkeiten gibt, den gewünschten *Residence Permit* zu bekommen.

Ein Beispiel aus der Praxis

Der schon an anderer Stelle zur Veranschaulichung erwähnte 35-jährige Diplom-Designer aus der Nähe Mönchengladbachs ist schon seit über zehn Jahren selbständiger Musikproduzent. Gemeinsam mit seiner Frau hat er vor, sich auch in Neuseeland selbständig zu machen. Die beiden hatten schon einen kompletten

Businessplan für ihr neuseeländisches Unternehmen aufgestellt, in der Annahme, dass der Weg nach Neuseeland über die Business-Kategorie führen müsste. Zurzeit (April 2009) liegt ihr *Residence*-Antrag in London zur Bearbeitung, da sie sich auch ohne *Job Offer* aufgrund der *Skilled Migrant Category* qualifizieren konnten.

Empfehlenswert ist auch, zu prüfen, ob man nicht lieber eine Geschäftsbeteiligung an einem schon bestehenden neuseeländischen Unternehmen anvisieren sollte, als selber in einem fremden Land alles alleine machen zu wollen. Von Vorteil ist, dass man für den Businessplan auf laufende Bilanzen zurückgreifen kann und – im Idealfall – die ersten (schwierigsten) Jahre des Geschäftsaufbaus schon hinter sich hat. Eine Geschäftsbeteiligung kommt für den *Long Term Business Permit* nur für diejenigen in Betracht, die mindestens 25 Prozent der Anteile eines neuseeländischen Unternehmens erwerben. Wer sich allerdings an diese Untergrenze hält, läuft Gefahr, dass sich das Immigrationsbüro auf den Standpunkt stellt, es handele sich lediglich um eine passive Geschäftsbeteiligung, mit dem Hauptzweck, sich so einen *Residence Permit* zu »erkaufen«. Wer um die 50 Prozent der Anteile erwirbt, wird eher als aktiver Unternehmer eingeschätzt werden und fährt – zumindest in einwanderungstechnischer Hinsicht – sicherer.

3.3.2 Entrepreneur-Category-Antrag

Ziel des *Entrepreneur-Category*-Antrages ist es, den *Residence Permit* – also die unbefristete und unbeschränkte Aufenthaltserlaubnis – zu bekommen. Die Voraussetzungen sind schnell genannt: »Successful establishment of a business in New Zealand that is benefiting the country«. Mit anderen (deutschen) Worten: Ein erfolgreiches Unternehmen, das nützlich für Neuseeland ist, soll aufgebaut werden.

Diese offene Formulierung gibt *Immigration New Zealand* einen erheblichen Ermessensspielraum. Das ist auf der einen Seite gut, denn es wird nicht von vornherein ausgeschlossen, dass man nicht auch mit einem (noch) unprofitablen oder wenig profitablen Unternehmen einen *Residence Permit* bekommen kann. Auf der anderen Seite ist es schlecht, da die Unsicherheit unter Umständen groß ist: Wie wird die Immigrationsbehörde entscheiden?

Wer es schafft, sein Unternehmen so zu führen wie in dem eingereichten Businessplan projiziert, hat optimale Chancen, seinen *Residence Permit* zu bekommen. Aber wann schreibt ein Unternehmen schon genau die vorhergesagten Zahlen?

Es gibt aber auch noch eine Zwischenlösung: Wer die Immigrationsbehörde nicht davon überzeugen kann, dass das Unternehmen erfolgreich ist, der kann ein zweites Mal einen zeitlich begrenzten *Long Term Business Permit* beantragen und dann später einen zweiten Versuch mit dem *Entrepreneur*-Antrag starten. Dies ist aber nichts für Leute mit schwachen Nerven, denn die Zeit der Ungewissheit wird dadurch nur weiter verlängert!

Ein paar Beispiele aus der Praxis

Ein Drogist aus Brandenburg war gezwungen, über die *Entrepreneur Category* einzuwandern, da die Drogistenausbildung nicht anerkannt wurde. Das heißt, für die *Skilled Migrant Category* hatte er keine ausreichende Punktzahl. Schon in Brandenburg hatte er neben der Drogerie ein Textildruckunternehmen aufgebaut. Dieselbe Technologie brachte er nach Neuseeland und baute sein Geschäft neu auf. Das Geschäft läuft nun schon seit 1999 erfolgreich in Levin auf der Nordinsel.

Ein Schweizer Pilot und Unternehmensberater in Sachen Flugsicherheit hatte sich zu 25 Prozent in ein neuseeländisches Unternehmen eingekauft, das im gleichen Bereich tätig war. Er war schon über 56 Jahre alt, so dass die *Skilled Migrant Category* nicht mehr für ihn in Betracht kam, obwohl er zu der Zeit bei Air New Zealand angestellt war. Der *Long Term Business Permit* wurde genehmigt, er bekam dann aber trotzdem den *Residence*-Antrag nicht über die *Entrepreneur Category*, sondern über seine (jüngere) Frau, die inzwischen auch einen Job gefunden hatte. So hat er mindestens zwei Jahre Zeit gespart und sein Einwanderungsschicksal nicht mehr mit seinem geschäftlichen Schicksal verknüpft.

Ein Bäcker aus dem Schwarzwald wollte sich zu 25 Prozent an einer deutschen Bäckerei in Neuseeland beteiligen und darauf seinen *Long-Term-Business-Permit*-Antrag stützen. Die *Skilled Migrant Category* kam für ihn nicht in Betracht, da er schon zu alt war. Die

Immigrationsbehörde wollte aufgrund der nur 25-prozentigen Beteiligung nicht glauben, dass er sich als aktiver Unternehmer an dem Geschäft beteiligen wollte. Der Bäcker jedoch wollte das Risiko und die Verantwortung einer 50-prozentigen Beteiligung nicht eingehen. Sein Antrag wurde abgelehnt.

Relocation of Business Category 3.4

Neben der *Entrepreneur Category* und der *Active Investor Migrant Policy* gibt es noch eine weitere Kategorie, die sich an Unternehmer und Geschäftsleute wendet, die *Relocation of Business Category*. Diese Kategorie muss im Zusammenhang mit den Bestrebungen Neuseelands gesehen werden, sich wirtschaftlich auf internationaler Ebene zu positionieren.

In dieser Kategorie geht es Neuseeland um wirtschaftliche Aspekte...

Neuseeland ist mit etwas über vier Millionen Einwohnern auf einer Fläche, die ungefähr so groß ist wie die alte Bundesrepublik, ein sehr kleiner Markt. Ganz wichtig für den Wohlstand in Neuseeland ist daher die Exportindustrie. *New Zealand Trade and Enterprise* (www.nzte.govt.nz), eine Institution vergleichbar mit der Industrie- und Handelskammer, hat unter anderem die Aufgabe, Neuseeland als Unternehmens- und Industriestandort zu vermarkten.

Die *Relocation of Business Category* ermöglicht es, die wichtigsten Angestellten eines nach Neuseeland ziehenden Unternehmens mitnehmen zu können. *Key Employees* können einen *Residence Permit* beantragen. Wichtigste Voraussetzung ist, dass das Vorhaben von *New Zealand Trade and Enterprise* unterstützt wird.

Da Neuseeland so ein kleiner Markt ist, macht es wenig Sinn, den Unternehmenssitz nach Neuseeland zu verlegen, um den hiesigen Markt zu erschließen. Aber wo liegen die Wettbewerbsvorteile des Standortes Neuseeland?

- Neuseeland bietet gut qualifizierte Arbeitskräfte zu billigeren Konditionen als in Deutschland oder anderen westeuropäischen Ländern.
- Das Steuerrecht ist übersichtlicher. Die Unternehmenssteuer (*company tax*) beträgt seit 1. April 2008 30 Prozent (reduziert von 33 Prozent).
- Neuseeland bietet eine hochwertige Infrastruktur zu oft günstigeren Konditionen als in Deutschland oder anderen westeuropäischen Ländern.
- Die Nähe zu den asiatischen Märkten ist ein Vorteil.
- Schließlich ist der Lifestyle in Neuseeland zu nennen. Auch Unternehmer mögen Neuseeland!

3.5 Work to Residence

Ähnlich wie bei der *Long Term Business* beziehungsweise *Entrepreneur Category* gibt es noch andere Möglichkeiten, zunächst über einen *Work Permit* (befristete Arbeitserlaubnis) einen *Residence Permit* (Daueraufenthalts- und Arbeitserlaubnis) zu bekommen. Wie schon in den *Expression-of-Interest-* und *Skilled-Migrant-Category*-Kapiteln angedeutet, ist es von Vorteil, wenn man schon einen Job hat, und noch besser, wenn man schon Arbeitserfahrung von drei Monaten oder mehr in Neuseeland gesammelt hat. Dazu braucht man natürlich eine Arbeitserlaubnis, einen *Work Permit*, der im Folgenden näher vorgestellt wird.

Der allgemeine *Work Permit*, der früher *General Work Permit* hieß und seit Juli 2008 *Essential Skills Work Permit* genannt wird, ist die *Work-Permit*-Kategorie, die am häufigsten zur Anwendung kommt. Darüber hinaus gibt es aber noch speziellere *Work Permits*, die eigens dazu geschaffen wurden, einen *Work Permit* später in einen *Residence Permit* umzuwandeln.

Essential Skills Work Permit 3.5.1

Der *Essential Skills Work Permit* soll in erster Linie den neuseeländischen Arbeitgebern ermöglichen, Ausländer anzustellen, wenn auf dem neuseeländischen Arbeitsmarkt keine Arbeitskräfte zu finden sind. Der *Work Permit* ist stets zeitlich befristet. Je nach Arbeitsvertrag kann man bis zu drei Jahre beantragen, in manchen Fällen sogar fünf Jahre. Später gibt es auch noch Verlängerungsmöglichkeiten.

Der *Work Permit* nützt aber nicht nur den neuseeländischen Arbeitgebern, sondern ist für viele Einwanderer der erste Schritt auf dem Weg zur unbefristeten Daueraufenthaltserlaubnis, der *Permanent Residence* (das ist auch der Grund, warum er hier unter *Work to Residence* aufgeführt wird, obwohl es streng genommen keine *Work-to-Residence*-Kategorie ist). Es gibt unterschiedliche Gründe, warum man über den Umweg eines allgemeinen *Work Permit* einwandern will – zum Beispiel, wenn man noch nicht gut genug Englisch spricht, um den Sprachtest zu bestehen, der für den *Residence Permit* verlangt wird. Oder wenn es der Arbeitgeber mit der Einstellung eilig hat. Das *Work-Permit*-Verfahren ist meist schneller abgeschlossen als das *Residence-Permit*-Verfahren.

Die Umbenennung des *General Work Permit* in *Essential Skills Work Permit* im Juli 2008 ging einher mit der Verknüpfung der *Work-Permit*-Vorschriften mit der ANZSCO-Liste (siehe Seite 53). Damit soll erreicht werden, dass nur ausreichend qualifizierte Kräfte hereingelassen werden. Die ANZSCO dient als Maßstab für die Frage, ob ein Antragsteller für eine bestimmte Stelle ausreichend qualifiziert ist oder nicht. Es wird zwar nicht vorausgesetzt, dass Antragsteller wie im *Residence*-Verfahren *skilled employment* nachweisen, ein gewisser Mindestlevel wird aber dennoch verlangt. Das war zwar auch schon in der alten *General Work Policy* der Fall, nun ist es aber mit dem Verweis auf die ANZSCO noch deutlicher geworden.

Grundvoraussetzung für den *Essential Skills Work Permit* ist, dass ein *Job Offer* eines neuseeländischen Arbeitgebers nachgewiesen wird. Und da liegt genau das Problem für viele: ohne Job kein *Work Permit* und ohne *Work Permit* kein Job. Wer sich auf Stellenanzeigen in Neuseeland bewirbt, wird oft feststellen, dass nur Bewerber mit gültiger Arbeitserlaubnis (also *Residence-* oder *Work Permit*) berücksichtigt werden. Aus Sicht des Arbeitgebers ist das verständlich, denn er will die Position schnell besetzen und hat keine Lust, sich mit Formularen und Bürokratie herumzuschlagen. Hinzu kommt die Ungewissheit, ob der *Work-Permit*-Antrag genehmigt wird. Bei einer Ablehnung müsste er wieder von vorne anfangen und hätte viel Zeit verloren.

Ebenso wichtig wie das Stellenangebot ist der Nachweis, dass man keinem Neuseeländer den Arbeitsplatz wegnimmt. Das ist ein wichtiger Unterschied zum *Residence*-Verfahren der *Skilled Migrant Category*! Die *Skilled Migrant Category* erkennt Stellenangebote an, unabhängig davon, ob dadurch einem Neuseeländer der Arbeitsplatz weggenommen wird oder nicht. Wer also direkt einen *Residence-Permit*-Antrag stellen kann, braucht sich darüber keine Sorgen zu machen.

Es gibt zwei Möglichkeiten, den Nachweis zu führen, dass kein Neuseeländer für die unbesetzte Stelle in Betracht kommt. Am einfachsten ist es, wenn es sich um einen Beruf handelt, der entweder auf der *Immediate Skill Shortage List* oder auf der *Long Term Skill Shortage List* aufgeführt ist (siehe auch die Seiten 51 und 52). Diese Listen werden von der neuseeländischen Regierung regelmäßig überprüft und aktualisiert. Wer sich auf einer der Listen wiederfindet, dessen Arbeitgeber braucht nicht den Nachweis zu führen, dass er lokal keine Arbeitskräfte für die Position finden konnte

Trotz eines Berufes, der zu den *Skill Shortages* zählt, ist die Erteilung eines *Work Permit* kein Automatismus. Die Immigrationsbehörde gehört zum Arbeitsministerium (*Department of Labour*) und sieht ihre Funktion daher auch darin, den neuseeländischen Arbeitsmarkt zu schützen, unter anderem gegen die Einfuhr von billigen Arbeitskräften aus dem Ausland. Es kann daher passieren, dass bei *Work-Permit*-Anträgen bemängelt wird, dass das Gehalt zu niedrig sei.

Ein Beispiel aus der Praxis

Ein deutscher Schreiner hatte in Wanganui ein Jobangebot als Schreiner bei einem Türenhersteller für 12 NZ$ die Stunde. Das ist in der Tat an der unteren Grenze. Das Immigrationsbüro hat dies prompt und erwartungsgemäß bemängelt. Wie kann es sein, dass auf der einen Seite Schreiner auf der Liste der *Skill Shortages* stehen und andererseits diese so begehrten Schreiner nur 12 NZ$ die Stunde bezahlt bekommen?

Die Gründe sind vielschichtig. Erstens ist Wanganui eine kleine Provinzstadt, wo das Leben zwar billiger ist, die Gehälter aber auch niedriger sind – das ist den Beamten in Wellington oft nicht so klar. Zweitens hatte der Schreiner seinen Job über einen Vermittler organisiert. Der Arbeitgeber kannte ihn also noch gar nicht und wollte verständlicherweise sein Unternehmerrisiko möglichst gering halten. Drittens waren die Englischkenntnisse des Deutschen noch sehr gering, so dass der Unternehmer eine erhebliche Einarbeitungszeit einkalkuliert hatte. Viertens war es dem Schreiner aus Deutschland nur recht, zunächst mit einem geringen Gehalt anzufangen, schließlich wollte er sich selber auch erst einmal einarbeiten. Er hatte in den Jahren vor seiner Einwanderung aufgrund der schwachen deutschen Baukonjunktur nicht mehr in seinem Beruf gearbeitet.

Das Immigrationsbüro hat den *Work Permit* schließlich genehmigt, nachdem der Arbeitgeber schriftlich versicherte, dass neuseeländische Schreiner in seiner Firma am Anfang das gleiche Gehalt bekommen. Inzwischen verdient der Schreiner über 20 NZ$ die Stunde und ist im Besitz eines *Residence Permit*.

Umständlicher und ungewisser ist es bei Berufen, die nicht auf der Liste stehen. Hier muss der neuseeländische Arbeitgeber nachweisen, dass er vergeblich versucht hat, einen Neuseeländer zu finden. Wenn er diesen Nachweis geführt hat, bekommt er die Genehmigung, jemanden aus dem Ausland zu rekrutieren. Die Genehmigung nennt sich *Approval in Principle to Recruit Overseas Workers* und ist sechs Monate lang gültig. Wenn eine solche Genehmigung bereits vorliegt, kann das *Work-Permit*-Verfahren schnell abgewickelt werden.

Der *Work-Permit*-Antrag und der Antrag auf *Approval in Principle to Recruit Overseas Workers* können auch gemeinsam gestellt werden. Der Nachweis ist oft gar nicht so einfach zu führen oder anders formuliert, *Immigration New Zealand* erkennt die Nachweise oft nicht an – mit dem Argument, dass es ausreichend Neuseeländer (oder Inhaber von *Residence Permits*) gäbe, die für den Job in Frage kämen.

Das ist in gewisser Weise nachvollziehbar, denn die neuseeländische Regierung hat schließlich umfangreiche Listen zusammengestellt, die genau die Bereiche benennen, in denen es zu wenig Arbeitskräfte gibt. Der Arbeitgeber, der jetzt argumentiert, dass er in Neuseeland keinen passenden Arbeitnehmer finden kann, behauptet damit indirekt, dass die neuseeländische Regierung übersehen habe, diesen Beruf auf die Liste zu setzen. Eine gewisse Unwilligkeit auf Seiten des Immigrationsbüros muss hier also erst einmal überwunden werden.

Ein Beispiel aus der Praxis

Ein Maschinenbauingenieur aus Wiesbaden, der gleichzeitig auch qualifizierter Schiffsoffizier ist, hatte eine Stelle als technischer Offizier für Tanker bei einer Reederei in Wellington angeboten bekommen. Der Arbeitgeber hatte zwar überzeugend versichert, dass er trotz ausgiebiger Versuche lokal niemanden für die Position finden konnte. Das Immigrationsbüro fragte daraufhin bei der Gewerkschaft an, die eine Liste von angeblich arbeitslosen Gewerkschaftsmitgliedern vorlegte. Es stellte sich aber bald heraus, dass die dort Aufgeführten entweder nicht auffindbar waren, inzwischen Arbeit gefunden hatten oder vom Arbeitgeber früher schon entlassen worden waren.

Trotzdem hat das Immigrationsbüro nach langen Verhandlungen nur einen sehr kurzfristigen *Work Permit* genehmigt, um den akuten Bedarf des Arbeitgebers zu befriedigen und – mit den Worten des Immigrationsbüros – um dem Arbeitgeber die Chance und Zeit zu geben, einen Neuseeländer zu finden. Zum Glück reichte der Zeitrahmen gerade aus, um dem deutschen Ingenieur einen *Residence Permit* zu verschaffen (wie ja oben bereits erläutert, kommt es beim *Residence Permit* nicht darauf an, ob man einem Neuseeländer den Arbeitsplatz wegnimmt oder nicht).

Oft werden bei dem Nachweis, warum kein Neuseeländer für den Job in Betracht kommt, die deutschen Sprachkenntnisse als Argument herangezogen. Die Firma habe Geschäftskontakte nach Deutschland (oder habe sich vorgenommen, diese aufzubauen) und brauche daher dringend eine deutsche Kraft. Das Argument zieht leider nicht immer. Unterschätzt wird insbesondere, wie viele Deutsche oder Deutschsprachige bereits in Neuseeland leben. Als ein Touristik-Unternehmen aus Wellington in Zeitungen für einen deutschsprachigen Mitarbeiter annoncierte, meldeten sich circa 20 Interessierte, von denen bestimmt fünf ausreichende Fähigkeiten für diesen Job mitbrachten. Das machte den Nachweis, dass lokal keine Arbeitskraft zu finden war, schwierig.

Ein weiteres Problem bei Berufen, die nicht auf der *Immediate Skill Shortage List* stehen, ist, dass *Work Permits* nur genehmigt werden, wenn nicht Neuseeländer ohne großen Aufwand dafür angelernt werden können. Dahinter verbirgt sich das Erfordernis, dass die Berufe, für die *Work Permits* vergeben werden, einen gewissen Mindeststandard haben müssen. Einfache »Arbeitertätigkeiten«, für die man gar nicht oder nur wenig qualifiziert sein muss, kommen daher nicht in Betracht.

Ein Beispiel aus der Praxis

Eine deutsche Krankenschwester hatte es aufgrund nicht ausreichender Sprachkenntnisse nicht geschafft, ihre Registrierung beim *Nursing Council* zu bekommen. Sie durfte daher nicht als Krankenschwester in Neuseeland praktizieren. Sie bekam aber ein Jobangebot von einem Altersheim, das sie als einfache Pflegehilfe anstellen wollte. Für den Job war keine Registrierung beim *Nursing Council* erforderlich, so dass sie daraufhin einen *Work Permit* beantragte. Der Arbeitgeber konnte ohne Probleme nachweisen, dass lokal keine Arbeitskraft mit entsprechenden Erfahrungen zu finden war. Trotzdem verweigerte das Immigrationsbüro den *Work Permit*, weil (nach seiner Ansicht) die Fähigkeiten, die eine einfache Pflegehilfe brauche, ohne großen Aufwand einem neuseeländischen Arbeitslosen beigebracht werden könnten.

Erwähnenswert ist auch noch, dass *Work Permits* nur für Vollzeitbeschäftigung in Betracht kommen. Obwohl in Neuseeland typischerweise eine 40-Stunden-Woche als Vollzeit angesehen wird, reicht es aber für *Work-Permit*-Zwecke aus, wenn mindestens 30 Stunden pro Woche nachgewiesen werden.

Meist werden auch nur Festanstellungen in einem *Work-Permit*-Antrag anerkannt. Nur in seltenen Ausnahmefällen werden freiberufliche Tätigkeiten für mehrere Arbeitgeber zugelassen!

Nicht zu unterschätzen sind auch die Anforderungen an den Arbeitgeber. Zum Beispiel muss sich ein Arbeitgeber unter Umständen gefallen lassen, dass *Immigration New Zealand* nach Bilanzen fragt, die nachweisen, dass die Firma sich den Angestellten aus dem Ausland auch leisten kann. Das kann bei den typischerweise kleinen Betrieben in Neuseeland unter Umständen schon zum Stolperstein werden.

Der *Work Permit* ist nicht nur zeitlich beschränkt, sondern auch auf den Arbeitgeber und die Position. Auf dem *Work-Permit*-Aufkleber steht zum Beispiel »Holder may work as Joiner for Timber Products Ltd in Wanganui«. Die Formulierung »darf als Tischler für Holzprodukte GmbH in Wanganui arbeiten« wird von Deutschen oft nicht richtig interpretiert, weil das Wort »darf« zu wörtlich genommen wird. Die neuseeländische Bürokratie drückt etwas milder aus, was die deutsche Ausländerbehörde wahrscheinlich so formuliert hätte: »Der Inhaber der Arbeitserlaubnis darf nur für den im Ausweis ausgewiesenen Arbeitgeber arbeiten. Die Arbeitserlaubnis gilt nur für den Beruf des Tischlers. Dem Inhaber der Arbeitserlaubnis ist es untersagt, in anderen Berufen oder für andere Arbeitgeber zu arbeiten.« Beim *Residence Permit* ist dies anders: Der Inhaber eines unbeschränkten *Residence Permit* kann arbeiten, wo und als was er will.

Der Ehepartner oder Lebensgefährte des *Essential-Skills-Work-Permit*-Inhabers kann auch einen *Work Permit* beantragen. Der *Work Permit* des Ehepartners ist offen, das heißt, er oder sie darf für jeden beliebigen Arbeitgeber in jeder beliebigen Sparte arbeiten. Kinder können entweder einen *Student Permit* (falls sie schulpflichtig sind) oder einen *Visitor Permit* beantragen. Ein *Work Permit* ist nicht zulässig, auch wenn die Kinder schon im arbeitsfähigen Alter sind.

Wann ist der richtige Zeitpunkt, um im Anschluss an den *Work Permit* einen *Residence Permit* zu beantragen? Wenn es nur darum geht, möglichst schnell beim Arbeitgeber anfangen zu können, sollte man beide Verfahren parallel betreiben. Wenn es zunächst darum ging, den Englischtest zu vermeiden, kann man frühestens nach einem Jahr den *Skilled-Migrant-Category*-Antrag stellen – oder eben, sobald man den Englischtest bestanden hat.

3.5.2 Work to Residence Work Permits

Während der *Essential Skills Work Permit*, wie oben erwähnt, in erster Linie dem Arbeitgeber nutzen soll, sind bei den drei (echten) *Work to Residence Permits* die Ziele gleichgewichtet – also sowohl dem Arbeitgeber als auch dem Einwanderer soll geholfen werden. Man will bewusst Talent langfristig nach Neuseeland bringen. Nach Ablauf von zwei Jahren kann man dann einen *Residence*-Antrag stellen, und zwar anhand der *Work to Residence Category* (anstatt der *Skilled Migrant Category*). Die drei (echten) *Work-to-Residence*-Kategorien sind die *Talent Accredited Employer Policy*, die *Talent Arts, Culture and Sports Policy* und die *Long Term Skill Shortage Policy*.

Der Nachteil aller drei unten näher erläuterten *Work to Residence Permits* ist, dass Antragsteller zwei Jahre warten müssen, bis sie den *Residence*-Antrag nach dieser Kategorie stellen dürfen. Bis zur Genehmigung des *Residence*-Antrages ist man an den Arbeitgeber gebunden – der *Work Permit* ist ausdrücklich auf einen bestimmten Arbeitgeber beschränkt. Falls zum Beispiel der Arbeitgeber nach 23 Monaten kündigt, verliert man seinen *Work Permit* und steht wieder ganz am Anfang des Einwanderungsprozesses. Sinnvoll ist es daher, dass man so schnell wie möglich einen *Residence*-Antrag anhand der *Skilled Migrant*

Category stellt, was in den meisten Fällen auch möglich ist. So sichert man sich seinen *Residence*-Status schon vor Ablauf der Zwei-Jahres-Frist und ist nicht länger abhängig vom Arbeitgeber.

3.5.2.1 Talent – Accredited Employers – Work Policy

Die Liste ist unter folgendem Link zu finden: http://www.immigration.govt.nz/migrant/stream/work/worktoresidence/LinkAdministration/ToolboxLinks/AccreditedEmployersList.htm?leve=1

Es gibt eine Liste akkreditierter Arbeitgeber in Neuseeland, die Angestellte aus Übersee rekrutieren dürfen, ohne den Nachweis führen zu müssen, dass dadurch keinem Neuseeländer der Arbeitsplatz weggenommen wird. Zurzeit (April 2009) gibt es in Neuseeland 423 akkreditierte Arbeitgeber. Typischerweise sind diese Arbeitgeber größere Firmen mit regelmäßigem Rekrutierungsbedarf. Dazu zählen unter anderem die meisten Banken, die großen Wirtschaftsprüfungs- und Steuerberatungsfirmen, die öffentliche Hand, Universitäten, große Ingenieurbüros, Krankenhäuser, IT- und Telekommunikationsfirmen und große internationale Konzerne. Die meisten Firmen haben ihre Webseiten angegeben und es lohnt sich, Unternehmen auf gut Glück zu kontaktieren.

Der *Skytower* von Auckland ist Sinnbild für *High-Tech* in Neuseeland.

Die wesentlichen Voraussetzungen für einen *Accredited Employer Work Permit* sind:

- Die Arbeit muss Vollzeit sein und der Arbeitsvertrag muss eine Laufzeit von mindestens zwei Jahren haben.
- Der Arbeitnehmer darf höchstens 55 Jahre alt sein. Aber Vorsicht: Wer nach zwei Jahren einen *Residence*-Antrag stellt, darf dann nicht älter als 55 sein (zum Zeitpunkt des *Residence*-Antrages).
- Das Jahresgehalt muss bei mindestens 55.000 NZ$ liegen.

3.5.2.2 Talent – Arts, Culture and Sports – Work Policy

Damit sollen Koryphäen aus den Bereichen Kunst, Kultur und Sport nach Neuseeland gelockt werden. Man muss eine exzellente internationale Reputation und die Unterstützung der entsprechenden neuseeländischen Organisationen auf dem gleichen Gebiet nachweisen können, um hier Chancen zu haben. Also, falls Boris Becker sich entscheiden sollte, Neuseeland sein neues Zuhause zu nennen, und der hiesige Tennisverband das unterstützt, dann käme diese Kategorie für ihn in Betracht.

3.5.2.3 Long Term Skill Shortage List – Work Policy

Bei den in der *Long Term Skill Shortage List* aufgeführten Berufen geht man davon aus, dass langfristig Bedarf in diesen Berufen besteht (vergleiche dazu auch

Seite 52). Man will daher die Fähigkeiten möglichst langfristig für Neuseeland sichern. Genau wie bei der *Immediate Skill Shortage List* braucht der Arbeitgeber nicht nachzuweisen, dass keinem Neuseeländer der Arbeitsplatz weggenommen wird. Nach zwei Jahren kann man dann einen Antrag auf *Permanent Residence* anhand der *Work to Residence Category* stellen.

Wer einen Beruf ausübt, der auf der *Long Term Skill Shortage List* steht, kann unter folgenden Voraussetzungen einen *Work Permit* anhand der *Work to Residence Policy* in Betracht ziehen:

- Der Antragsteller sollte im Zeitpunkt des *Work-Permit*-Antrages nicht älter als 53 sein, denn er kann den *Residence*-Antrag anhand dieser Kategorie erst nach zwei Jahren durchgehender Anstellung stellen und dann (zum Zeitpunkt des *Residence*-Antrages) darf er nicht älter als 55 sein. Vorsicht Falle: Für den *Work-Permit*-Antrag gibt es keine Altersbeschränkung. Wenn man dann aber darauf aufbauend einen *Residence*-Antrag stellen will, wird man aus Altersgründen abgelehnt, wenn man zum Zeitpunkt der Stellung des *Residence*-Antrages älter als 55 ist!
- Der Antragsteller sollte möglichst einen Arbeitsvertrag mit einem Mindestgehalt von 45.000 NZ$ pro Jahr haben. Auch hier ist dies keine Voraussetzung für den *Work-Permit*-Antrag, sondern nur für den *Residence*-Antrag. Wer aber vorausschauend ist, sollte das Gehaltsniveau schon im *Work-Permit*-Stadium berücksichtigen!

- Der Arbeitsvertrag sollte auf mindestens 24 Monate lauten und eine genaue Stellenbeschreibung (*Job Description*) aufweisen, die einem Beruf auf der *Long Term Skill Shortage List* entspricht.

Einziger Vorteil der Einwanderung über die *Work to Residence Policy* ist, dass der Hauptantragsteller keinen Englischtest bestehen muss. Im Übrigen gilt, wie oben bereits erwähnt, dass eine Einwanderung über die *Skilled Migrant Category* schneller zum Ziel (dem *Residence Permit*) führt. Die Mindestgehaltsregelung findet in diesem Fall auch keine Anwendung. Es ist kein Problem, von einem *Work Permit* aufgrund der *Work to Residence Policy* auf einen *Residence*-Antrag anhand der *Skilled Migrant Category* umzuschalten.

3.5.3 Working Holiday Policy

Dieser *Work Permit* ist eigentlich überhaupt nicht darauf ausgelegt, dass man einwandert. Es gibt ein bilaterales Abkommen mit Deutschland, das jungen Deutschen ermöglichen soll, in Neuseeland Urlaub zu machen und währenddessen zu arbeiten. Für die Schweiz und Österreich gibt es diese Option leider zurzeit (April 2009) nicht. Hauptziel ist eigentlich die Förderung des Tourismus. Neuseeland ist, schon aufgrund der Entfernung, ein teures Urlaubsziel. Man will mit diesem Visum jungen – und oft nicht so finanzkräftigen – Leuten die Möglichkeit geben, vor Ort ihre Urlaubskasse ein bisschen aufzubessern.

Als deutscher Staatsangehöriger kann man, wenn man zwischen 18 und 30 Jahre (einschließlich) alt ist, einen zwölf Monate gültigen *Work Permit* bei der neuseeländischen Botschaft in Berlin beantragen. Mit dem *Work Permit* kann man dann zum Beispiel entweder bei der Ernte auf der Obstplantage helfen, im Café oder auch in seinem Beruf arbeiten. Wem es in Neuseeland gefällt, der kann dann natürlich auch mit einem Job im erlernten Beruf einen *Skilled-Migrant-Category*-Antrag stellen.

Zu erwähnen ist in diesem Zusammenhang auch noch der *Recognised Seasonal Employer (RSE) Work Permit*, den es für die Erntezeit gibt. Der *Work Permit* ist allerdings beschränkt auf bestimmte Arbeitgeber und ist auch nicht geeignet, um auf der Basis eines Jobs auf der Obstplantage einen *Residence-Permit*-Antrag zu stellen. Aus diesem Grunde wird hier darauf nicht näher eingegangen.

Study to Work Policy 3.5.4

Neuseeland hat sich seit Mitte der 1990er Jahre zu einem beliebten Ziel für Studenten aus aller Herren Länder entwickelt. Bildung ist ein Exportschlager für Neuseeland! In den letzten Jahren haben pro Jahr regelmäßig circa 10.000 ausländische Schüler neuseeländische Schulen besucht. Im tertiären Bildungsbereich sind es sogar etwa 40.000 Studenten pro Jahr. Die meisten stammen aus asiatischen Ländern, aber bei den Deutschen hat sich die Qualität neuseeländischer Schulen und Unis inzwischen auch herumgesprochen.

Wer als Ausländer in Neuseeland zur Schule geht oder studiert, zahlt die für Ausländer geltenden Gebühren, die höher sind als die für Neuseeländer. Trotzdem sind die Gebühren im internationalen Vergleich mit England oder den USA in der Regel günstiger. Bei so genannten *Post Graduate Studies*, also zum Beispiel bei einem *Masters-Degree*-Studium, gibt es sogar ein bilaterales Abkommen zwischen Deutschland und Neuseeland, wonach dieselben Gebührensätze gelten wie für Neuseeländer (also deutlich niedrigere!).

Es gibt aber noch einen weiteren Vorteil für Studenten, die sich Neuseeland als Studienort ausgesucht haben. Wer hier erfolgreich ein Studium abgeschlossen hat, das Punkte gemäß der *Skilled Migrant Category* generieren kann, hat die Möglichkeit, einen so genannten *Graduate Job Search Work Permit* zu beantragen. Anders als bei den meisten *Work-Permit*-Anträgen ist in diesem Fall kein Arbeitsangebot eines neuseeländischen Arbeitgebers erforderlich! Der *Work Permit* gilt für zwölf Monate – hoffentlich ausreichend Zeit, um einen passenden Job zu finden.

Wer einen Job gefunden hat, kann unter Umständen einen weiteren *Work Permit* beantragen und parallel dazu (oder später) auch einen *Residence*-Antrag stellen (wenn die Voraussetzungen gegeben sind).

3.6 Family Category

Über die Familienzusammenführung kann man auch einen *Residence Permit* beantragen. Je nachdem, welche Familienverbindung es nach Neuseeland gibt, kommen die folgenden Kategorien in Betracht.

Partnership Policy 3.6.1

Wer einen Neuseeländer oder eine Neuseeländerin heiratet (oder Inhaber von *Residence Permits*), kann aufgrund der *Partnership Policy* einen Antrag auf *Permanent Residence* stellen. Allerdings muss man nachweisen, dass man mindestens zwölf Monate in einer ernsthaften und stabilen Beziehung zusammengelebt hat. Das Zusammenleben ist wichtig. Die Einwanderungsbehörde will sehen, dass man tatsächlich unter einem Dach gewohnt hat!

Wer noch keine zwölf Monate nachweisen kann, der kann zunächst einen *Work Permit* beantragen. Hier muss auch die Ernsthaftigkeit der Beziehung unter Beweis gestellt werden, allerdings nicht für den Zeitraum von einem Jahr. Parallel dazu kann dann unter Umständen gleich der *Residence*-Antrag gestellt werden. Die Entscheidung hinsichtlich des Residence-Antrages wird dann so lange aufgeschoben, bis die zwölf Monate nachgewiesen sind.

De Facto Partner Policy 3.6.2

Wer nicht verheiratet ist, aber in einer eheähnlichen Lebensgemeinschaft lebt, kann unter den gleichen Voraussetzungen wie ein verheiratetes Paar als Partner oder Partnerin eines Neuseeländers einwandern. Das gilt auch für gleichgeschlechtliche Beziehungen.

3.6.3 Parent Policy

Die Auswanderung nach Neuseeland ist ein großer Schritt für viele, nicht zuletzt wegen der Eltern, die zurückbleiben. Für manche ist es daher wichtig, dass die Eltern nachgeholt werden können. Wer die neuseeländische Staatsangehörigkeit besitzt oder mindestens seit drei Jahren mit einem *Residence Permit* in Neuseeland lebt, der kann das unter folgender Bedingung tun: Die Zahl der erwachsenen Kinder, die in Neuseeland leben, muss mindestens genauso groß sein, wie die Zahl der erwachsenen Kinder, die im Heimatland leben.

3.6.4 Dependent Child Policy

Bis zum Alter von 24 Jahren können Kinder mit in den *Residence*-Antrag einbezogen oder mit einem separaten *Residence*-Antrag nachgeholt werden. Voraussetzung ist allerdings, dass die Kinder finanziell abhängig von ihren Eltern sind und nicht schon eine eigene Familie haben.

3.6.5 Sibling and Adult Child Policy

Wer die neuseeländische Staatsangehörigkeit besitzt oder mindestens seit drei Jahren mit einem *Residence Permit* in Neuseeland lebt, der kann seine Geschwister oder erwachsenen Kinder nach Neuseeland nachholen, vorausgesetzt, keine anderen direkten Verwandten leben im Heimatland. Direkte Verwandte sind Eltern oder Geschwister.

Außerdem müssen die Geschwister beziehungsweise erwachsenen Kinder ein Stellenangebot in Neuseeland nachweisen. Sie können mit ihrer eigenen Familie einwandern, müssen aber, wenn sie Kinder haben, ein Mindestgehalt in Neuseeland nachweisen. Bei einem Kind muss das Familieneinkommen mindestens 30.946 NZ$, bei vier oder mehr Kindern 47.586 NZ$ pro Jahr betragen.

Was ist noch wichtig bei der Beantragung eines Residence Permits? 3.7

Neben den speziellen Voraussetzungen der jeweiligen Einwanderungskategorie gibt es allgemeine Voraussetzungen, die jeder Einwanderer erfüllen muss.

Spracherfordernisse 3.7.1

Wer einen Antrag auf *Permanent Residence* stellt, muss in der Regel ausreichende Englischkenntnisse nachweisen. Dazu muss der Hauptantragsteller in der Regel einen IELTS-Sprachtest (*International English Language Testing System*) ablegen. Wer auf andere Weise einen *English speaking background* nachweisen kann, braucht den Test nicht zu machen. Für einen *Work Permit* braucht man keinen Sprachtest zu absolvieren.

Der Englischtest kann sich aber unter Umständen erübrigen, wenn nachgewiesen werden kann, dass man mindestens zwölf Monate Berufserfahrung in Neuseeland hat. In diesem Zusammenhang gelten seit 8. Dezember 2008 etwas verschärfte Anforderungen. Bis zu diesem Zeitpunkt galt noch die alte Regelung, die es dem Antragsteller im *Residence*-Verfahren in der Regel ermöglichte, den Englischtest zu vermeiden, wenn nachgewiesen werden konnte, dass man mindestens ein Jahr in Neuseeland (mit einem *Work Permit*) gearbeitet hatte. Jetzt besteht diese Möglichkeit nur noch ausnahmsweise – ein kleiner, aber unter Umständen entscheidender Unterschied! Leider lässt sich zurzeit (April 2009) noch nicht sagen, wie sich diese kleine Regelungsverschärfung in der Praxis auswirken wird.

Hierzu ein Fallbeispiel aus der Praxis

Ein 50-jähriger Schlosser, der seit über einem Jahr für einen neuseeländischen Arbeitgeber in Nelson in seinem Beruf tätig ist, wurde von *Immigration New Zealand* im Oktober 2008 (also noch vor Inkrafttreten der neuen Regelung) aufgefordert, einen Sprachtest zu absolvieren, obwohl er schon über ein Jahr in Neuseeland arbeitete. Der Grund für diese (bis dahin ungewöhnliche) Aufforderung war, dass im Schreiben des Arbeitgebers zwischen den Zeilen zu erkennen war, dass die Englischkenntnisse nicht besonders gut waren. Das war nicht bösartig vom Arbeitgeber gemeint, er hatte nur dargelegt, dass unserem Schlosser anfangs ein deutscher Kollege zur Seite gestellt wurde und dass er einen Sprachkurs organisiert hatte. Das hatte ausgereicht, um beim Sachbearbeiter Zweifel an den Sprachkenntnissen aufkommen zu lassen. Unser Schlosser hätte keine Chance gehabt, den Sprachtest zu bestehen.

Im Endeffekt wurde der *Residence*-Antrag am 1. Dezember 2008 auch ohne Sprachtest genehmigt. Geholfen haben die Hinweise auf die Unentbehrlichkeit des Schlossers für den betroffenen Arbeitgeber und den allgemeinen Bedarf an Schlossern in Neuseeland. Darüber hinaus wurde auch der lokalen MP (Wahlkreisabgeordnete) eingeschaltet, was dem Antrag zusätzliches Gewicht verlieh.

Der IELTS–Test prüft die Bereiche Hören (*Listening*), Lesen (*Reading*), Schreiben (*Writing*) und Sprechen (*Speaking*). Je nachdem, welche Einwanderungskategorie Anwendung findet, gelten unterschiedliche Maßstäbe:

- Bei Anträgen anhand der *Skilled Migrant Category* muss der Hauptantragsteller mindestens einen Durchschnitt von Level 6,5 im so genannten *General Module* erreichen. Mitantragsteller brauchen nur Level 5 im Schnitt zu erreichen.
- Bei der *Residence from Work Category* (dem Gegenstück zur *Work to Residence Category* auf *Residence*-Antragsebene) braucht der Hauptantragsteller keinen Englischtest zu bestehen. Mitantragsteller müssen nachweisen, dass sie ausreichende Sprachkenntnisse haben, um sich hier erfolgreich integrieren zu können, oder anders formuliert, in aller Regel brauchen auch die Mitantragsteller keinen Sprachtest nachzuweisen.
- *Global-Investor-Category*-Antragsteller brauchen keinen Englischtest zu bestehen.

- *Professional-Investor-Category*-Antragsteller müssen den IELTS-Test in zwei von den vier Testbereichen mit mindestens Level 4 bestehen.
- *General-(Active)-Investor-Category*-Antragsteller müssen den IELTS-Test in zwei von den vier Testbereichen mit mindestens Level 5 bestehen.
- Bei Anträgen anhand der *Entrepreneur Category* müssen die Antragsteller im Schnitt Level 5 erzielen.

Nachfolgend finden Sie eine Übersicht der verschiedenen Leistungsstufen. Um Missverständnisse zu vermeiden, ist der Text nicht übersetzt.

Level 9 (Expert User)

Has fully operational command of the language: appropriate, accurate and fluent with complete understanding.

Level 8 (Very Good User)

Has fully operational command of the language with only occasional unsystematic inaccuracies and inappropriacies. Misunderstanding may occur in unfamiliar situations. Handles complex detailed argumentation well.

Level 7 (Good User)

Has operational command of the language, though with occasional inaccuracies, inappropriacies and misunderstandings in some situations. Generally handles complex language well and understands detailed reasoning.

Level 6 (Competent User)

Has generally effective command of the language despite some inaccuracies, inappropriacies and misunderstandings. Can use and understand fairly complex language, particularly in familiar situations.

Level 5 (Modest User)

Has partial command of the language, coping with overall meaning in most situations, though is likely to make many mistakes. Should be able to handle basic communication in own field.

Level 4 (Limited User)

Basic competence is limited to familiar situations. Has frequent problems in understanding and expression. Is not able to use complex language.

Level 3 (Extremely Limited User)

Conveys and understands only general meaning in very familiar situations. Frequent breakdowns in communication occur.

Level 2 (Intermittent User)

No real communication is possible except for the most basic information using isolated words or short formulae in familiar situations and to meet immediate needs. Has great difficulty understanding spoken and written English.

Level 1 (Non User)

Essentially has no ability to use the language be-yond possibly a few isolated words.

Level 0 (Did not attempt the test)

No assessable information provided.

Alle Familienmitglieder ab 16 Jahren müssen den Test bestehen. Nur der Hauptantragsteller muss das IELTS–Zertifikat gleich mit der Antragstellung einreichen. Die anderen Familienmitglieder können den Test später während des Verfahrens nachholen.

Falls ein Mitantragsteller (gilt nicht für den Hauptantragsteller!) den IELTS-Test nicht besteht, kann er sich für einen Englischkurs bei einer von *Immigration New Zealand* anerkannten Englischschule einschreiben. Die Kosten für die Englischschule hängen vom Abschneiden im IELTS-Test ab. Je nach Abschneiden kostet der Englischkurs zwischen 1.700 und 6.650 NZ$.

Der Test kann in Deutschland absolviert werden. Adressen der verschiedenen Testzentren findet man unter folgendem Link: www.ielts.org.

3.7.2 Gesundheitstest

Die *panel doctors* sind unter folgendem Link zu finden: http://www.immigration.govt.nz/migrant/stream/work/worktemporarily/LinkAdministration/ToolboxLinks/PanelDoctors.htm?level=1

Jeder, der länger als zwölf Monate in Neuseeland bleibt, muss sich einem Gesundheitstest unterziehen. Das gilt sowohl für *Work Permits* als auch *Residence Permits*. Die Tests können in Deutschland bei akkreditierten Ärzten, den so genannten *panel doctors*, gemacht werden.

Der Gesundheitstest umfasst neben einer allgemeinen Untersuchung Blut- und Röntgenuntersuchungen. Die entsprechenden Formulare können im Internet heruntergeladen werden. Die Gesundheitstests dürfen zum Zeitpunkt der Antragstellung nicht älter als drei Monate sein.

Hier können Sie die Formulare herunterladen: www.immigration.govt.nz/NR/rdonlyres/DE431E92-0ADE-4B5F-81F9-18DF08E5B2EA/0/1007Aug16.pdf

Der neuseeländische Staat möchte mit dem Gesundheitstest in erster Linie verhindern, dass der Einwanderer eine Last für das Gesundheitssystem wird. Ab wann jemand dem so genannten *Public Health System* zur Last fällt, ist mit einer Zahl definiert: 25.000 NZ$. Wenn abzusehen ist, dass medizinische Behandlungen einmalig oder im Laufe des Lebens mehr als 25.000 NZ$ kosten werden, dann wird der Antrag auf einen längerfristigen *Work Permit* oder einen *Residence Permit* für die ganze Familie abgelehnt.

Hierzu ein Fallbeispiel aus der Praxis

Eine 38-jährige Informatikerin wollte mit ihrem 42-jährigen Ehemann, der ebenfalls ein IT-Fachmann war, einwandern. Obwohl beide ausgezeichnete Chancen auf dem hiesigen Arbeitsmarkt hatten und sich sogar ohne *Job Offer* anhand der *Skilled Migrant Category* für eine Einwanderung qualifiziert hätten, machte es keinen Sinn, einen *Residence*-Antrag zu stellen, da er stark übergewichtig war.

Folgender Weg wurde eingeschlagen: Noch während er in Deutschland war, wurde eine operative Magenverkleinerung (*Gastric Bypass*) durchgeführt. Anschließend, noch bevor eine ausreichende Gewichtsreduzierung zu verzeichnen war, wurde ein elfmonatiger *Work Permit* beantragt – also unterhalb der Zwölf-Monats-Schwelle, die einen Gesundheitscheck verlangt. Während der Gültigkeit des *Work Permit* wurde in Neuseeland dann der *Residence*-Antrag gestellt, und da währenddessen eine ausreichende Gewichtsreduzierung eingetreten war und die Ärzte einen weiteren positiven »Krankheitsverlauf« prognostizierten, wurde der Antrag auch genehmigt.

Übergewicht ist wohl die häufigste Beanstandung bei den Gesundheitschecks. Das bedeutet jetzt nicht, dass jeder, der einen BMI (Body-Mass-Index) über 35 hat (also zum Beispiel bei einer Körpergröße von 1,80 Metern 115 Kilogramm wiegt), automatisch abgelehnt wird, sondern zunächst nur, dass der bearbeitende Sachbearbeiter einen Amtsarzt zu Rate ziehen muss.

Der Amtsarzt verlangt dann in der Regel noch zusätzliche Untersuchungen und Stellungnahmen von Ärzten, um eine Risikoabwägung vornehmen zu können, ob der Antragsteller den neuseeländischen Staat aller Voraussicht nach über 25.000 NZ$ kosten wird oder nicht. In den meisten Fällen führt das zu ärgerlichen Verzögerungen (unter Umständen von ein paar Monaten) und nur selten zu einer Ablehnung. Eine Ablehnung ist nur dann wahrscheinlich, wenn das Übergewicht signifikant ist – also zum Beispiel, wenn der BMI über 40 liegt und/oder wenn die anderen typischerweise mit Übergewicht assoziierten Werte schlecht sind.

Im *Operational Manual* (den Verwaltungsvorschriften) findet sich auch eine Liste von Krankheiten, die automatisch als zu teuer eingestuft werden. Wer seine Erkrankung auf dieser Liste wiederfindet, hat sehr geringe Chancen auf eine erfolgreiche Einwanderung.

Etwas andere Regeln gelten allerdings in der *Partnership-* und *De-Facto Partnership Policy* (siehe Seite 97). Unter Umständen werden hier sogar Antragsteller hereingelassen, die unter einer Krankheit leiden, die auf der oben angesprochenen Liste aufgeführt ist. Wer mit einem Neuseeländer verheiratet ist (oder in einer Lebensgemeischaft lebt), kann auf eine mildere Beurteilung hoffen!

Hierzu ein Fallbeispiel aus der Praxis

Eine 38-jährige Schweizerin, die in der Schweiz mit ihrem neuseeländischen Lebenspartner zusammenlebte, wollte gemeinsam mit ihm nach Neuseeland ziehen. Fünf Jahre vorher war bei ihr MS (Multiple Sklerose) diagnostiziert worden. Die Krankheit zeigte allerdings noch keine signifikanten Symptome. Die Frau hatte zunächst auf eigene Faust einen Antrag auf *Permanent Residence* aufgrund der *De-Facto Partnership Policy* gestellt, jedoch ein Ablehnungsschreiben von der Behörde erhalten, mit dem üblichen Verweis auf die zu erwartenden Kosten für Behandlung und Pflege. Hätte sie ihren Antrag zum Beispiel aufgrund der *Skilled Migrant Category* ohne einen neuseeländischen Lebensgefährten gestellt, so hätte ihr nicht geholfen werden können. So aber war es möglich, eine Ausnahmeentscheidung (ein so genanntes *Medical Waiver*) zu erwirken, so dass der *Residence*-Antrag im Endeffekt genehmigt wurde.

Wieder andere Regeln gelten für zeitlich befristete *Work Permits*. Auf der einen Seite sind die Anforderungen etwas lockerer, da der neuseeländische Staat sich ja nur gegen ein Risko über einen begrenzten Zeitraum abzusichern braucht. Auf der anderen Seite gelten aber strengere Regeln hinsichtlich Schwangerer. Seit Oktober 2008 gilt Schwangerschaft als »Gesundheitsrisiko«, jedenfalls bei zeitlich befristeten Anträgen. In gewisser Weise ist das auch verständlich, denn eine Geburt ist ja keine ganz billige Prozedur. Diese Kosten will man nur in Ausnahmefällen (*Work to Residence Permit* und *Partnership Policy*) auf sich nehmen. Bei *Residence*-Anträgen ist eine Schwangerschaft auch kein Problem!

3.7.3 Charakterliche Führung

Wer 17 Jahre oder älter ist, muss ein Führungszeugnis vorlegen, und zwar sowohl bei Anträgen auf *Permanent Residence* als auch bei *Work-Permit*-Anträgen mit einer Laufzeit von mindestens 24 Monaten. Die Führungszeugnisse dürfen zum Zeitpunkt der Antragstellung nicht älter als sechs Monate sein.

Ein Eintrag im polizeilichen Führungszeugnis führt allerdings nicht automatisch zu einer Ablehnung. Die Art der Straftat und die Höhe der verhängten Strafe finden Berücksichtigung. Im *Immigration Act* (dem Einwanderungsgesetz) ist genau geregelt, unter welchen Voraussetzungen straffällig gewordene Antragsteller ausnahmsweise hereingelassen werden können. Ohne hier weiter ins Detail zu gehen, lässt sich zusammenfassend sagen, dass es ab einer Verurteilung zu zwölf Monaten Gefängnis sehr problematisch wird.

Ähnlich wie beim Gesundheitscheck gelten auch hier unterschiedliche Regelungen – je nachdem, ob ein *Work-* oder ein *Residence Permit* beantragt wird.

Approval in Principle / Residence Visa / Residence Permit / Residence Return Visa 3.8

Wer einen Brief vom *Immigration Service* mit dem Wortlaut »Congratulations, I am very pleased to inform you that your application for a Residence Permit in New Zealand has been approved in principle« erhält, dessen Antrag auf *Permanent Residence* war erfolgreich. Das *approval in principle* ist eine Art positiver Vorbescheid. Man bekommt eine Frist von sechs Monaten gesetzt, um noch eine Gebühr (die *Migrant Levy*) zu zahlen und um die Pässe einzuschicken, damit die Stempel eingeklebt werden können.

Wer sich zu diesem Zeitpunkt außerhalb Neuseelands aufhält, bekommt ein *Residence Visa* und ein *Residence Return Visa* in den Pass geklebt. Ein *Residence Visa* gibt dem Inhaber zwölf Monate Zeit, um nach Neuseeland einzureisen – danach verfällt es. Bei der Ankunft am Flughafen erhält man einen *Residence Permit* in den Pass gestempelt.

Der *Residence Permit* ist gültig auf Lebenszeit, erlischt aber bei der nächsten Ausreise wieder. Für die Rückreise gibt es dann aber das *Residence Return Visa*, das ja gemeinsam mit dem *Residence Visa* bei Genehmigung des *Residence*-Antrages in den Pass geklebt wurde. Bei der nächsten Einreise gibt es (aufgrund des *Residence Return Visa*) wieder einen unbefristeten *Residence Permit* in den Pass. Das Spiel wiederholt sich bei jeder Reise aufs Neue – solange das *Residence Return Visa* gültig ist.

Der *Residence Permit* ist gültig auf Lebenszeit, erlischt aber bei der nächsten Ausreise wieder…

Das *Residence Return Visa*, das mit Genehmigung des *Residence*-Antrages erteilt wurde, ist zunächst auf zwei Jahre befristet, und zwar vom Zeitpunkt der Ausstellung des ersten *Residence Permit* an. Nach Ablauf der zwei Jahre kann ein unbefristetes *Residence Return Visa* beantragt werden, wenn man sich während dieser Zeit überwiegend in Neuseeland aufgehalten hat (mindestens 184 Tage pro Jahr). Wer sich nicht überwiegend in Neuseeland aufgehalten hat, verliert seinen *Residence*-Status wieder.

Wer sich auf Neuseeland als neue Heimat festgelegt hat, darf bleiben.

Grund für diese Regelung ist, dass Neuseeland sich vor Opportunisten schützen will, die sich lediglich ein zweites Zuhause für den »Fall der Fälle« schaffen wollen. Wer sich auf Neuseeland als neue Heimat festgelegt hat, darf bleiben.

Es gibt noch andere Möglichkeiten, ein unbefristetes *Residence Return Visa* zu bekommen, indem man Neuseeland auf andere Weise zu seinem Lebensmittelpunkt macht. Die Thematik ist jedoch recht komplex und würde den Rahmen dieses Buches sprengen. Wer es darauf anlegt, weil es zum Beispiel im Heimatland noch privat und geschäftlich vieles abzuwickeln gibt, der kann die obigen Fristen ausnutzen und erst dreieinhalb Jahren nach Erhalt des *approval in principle* nach Neuseeland übersiedeln.

3.9 Bonuspunkte für Kapital?

Früher gab es Bonuspunkte für den Nachweis von Kapital. Abgesehen von der *Investor Category* und der *Entrepreneur Category* spielt in den anderen Einwanderungsverfahren der Nachweis von Geld keine Rolle mehr.

Einwanderungsstrategien 4

Viele Wege führen nach Neuseeland. Es gibt keinen »richtigen« Weg, jeder muss seinen eigenen finden. Was in einem Falle Sinn macht, muss nicht automatisch auch für andere gelten.

Einwanderung auf Probe 4.1

Die ideale Einwanderung auf Probe lässt sich mit dem *Working Holiday Visa* arrangieren. Man hat zwölf Monate Zeit auszuprobieren, ob einem das Leben in Neuseeland gefällt. Man bekommt einen Eindruck vom neuseeländischen Arbeitsleben und wird nach zwölf Monaten eine gute Vorstellung haben, welche persönlichen und beruflichen Chancen sich bieten. Am besten kümmert man sich während dieser Zeit auch gleich um das Einwanderungsverfahren.

Ein Beispiel aus der Praxis

Ein junges Ehepaar (beide 29 Jahre alt) aus Paderborn ist im September 2008 mit jeweils einem *Working Holiday Visa* in Wellington angekommen. Es ist ihr erstes Mal in Neuseeland. Ihr Ziel war aber von vornherein, nach Neuseeland auszuwandern. Er hat bei Vodafone eine Lehre als Informations- und Telekommunikationssystem-Elektroniker abgeschlossen. Sie ist Rechtsanwalts- und Notarangestellte. Noch während der Vorbereitungszeit in Deutschland wurde seine Lehrausbildung von der NZQA (*New Zealand Qualifications Authority*) als vergleichbar mit einem *National Certificate in Telecommunications*, Level 4, bewertet. Für ihre Ausbildung wurde kein NZQA-Verfahren betrieben, da von vornherein klar war, dass sie keine Einwanderungspunkte für ihre Ausbildung erzielen würde. Schon bald nach der Ankunft kümmerte er sich um die Jobsuche. Nach einem Monat offenbarten sich die ersten Optionen. Seit November 2008 arbeitet er für eine sich neu im Markt etablierende Telekommunikationsfirma als *Regional Operations Engineer*. Das EOI-Verfahren (*Expression of Interest*) ist inzwischen auch schon nach Erhalt der ITA (*Invitation to Apply*) abgeschlossen, nachdem beide erfolgreich ihren Englischtest bestanden hatten. Das *Residence*-Verfahren ist eingeleitet und soll circa im August 2009 erfolgreich abgeschlossen sein. Die beiden nutzten ihre zwölfmonatige Probezeit also bei weitem nicht aus, sondern trafen die Entscheidung, einzuwandern, schon nach ein paar Wochen.

Buchtipp: ***Work & Travel*** gibt ausführliche Infos zu Vorbereitung, Anbietern, Jobsuche und zum Reisen im Land. MANA-Verlag 2009

Wer den Weg über ein *Working Holiday Visa* einschlägt und mit dem Gedanken einer Einwanderung nach Neuseeland spielt, sollte zwei Dinge bedenken: Erstens, man hat nur einen Schuss – soll heißen, man kann nur einmal in seinem Leben ein *Working Holiday Visa* beantragen. Zweitens, man sollte schon vor der Abreise, wie im obigen Fallbeispiel, das Einwanderungsverfahren soweit wie möglich vorbereiten, um dann bei einem Jobangebot auch sofort reagieren zu können.

Wer schon zu alt für das *Working Holiday Visa* ist, kann natürlich auch versuchen, mit einem einfachen *Visitor Permit* auf Probe einzuwandern. Eigentlich beträgt die maximale Laufzeit eines *Visitor Permit* neun

Monate. In der Regel werden aber weitere drei Monate genehmigt. Man kann also insgesamt zwölf Monate in Neuseeland auf Probe leben. Während dieser Zeit kann man dann versuchen, einen Job zu finden und die Einwanderungsformalitäten in Gang zu bringen.

Ein Beispiel aus der Praxis

Ein 33-jähriger Fleischer aus Nidda ist im April 2008 in Neuseeland angekommen. Auch er ist zum ersten Mal in Neuseeland, spielte aber schon seit Jahren mit dem Gedanken, nach Neuseeland auszuwandern. Im Vorfeld wurde seine Ausbildung schon von der NZQA (*New Zealand Qualifications Authority*) als *National Certificate in Meat Retailing*, Level 4, anerkannt. Nach einigen Absagen hat er dann im Mai 2008 eine Stellung als Fleischer in einem Supermarkt in Queenstown gefunden. Noch im gleichen Monat bekam er seinen *Work Permit* genehmigt. Ein *Residence*-Antrag ist vorerst noch nicht geplant, da seine Englischkenntnisse dazu nicht ausreichen. Ab Mai 2009 besteht die Möglichkeit, den *Residence*-Antrag auch ohne Englischtest einzureichen.

Einwanderung ohne Job in Neuseeland 4.2

Wie schon erwähnt, ist es grundsätzlich möglich, auch ohne ein im Vorfeld organisiertes Stellenangebot nach Neuseeland einzuwandern. Wer ausreichend Punkte für die *Skilled Migrant Category* erzielt oder gerade durch eine der geöffneten »Türen« (Sonderregeln) passt (siehe Seite 37), hat gute Chancen, den *Residence Permit* zu bekommen, ohne vorher einen Job organisiert zu haben. Das ist natürlich ideal, denn man bekommt die Sicherheit, in Neuseeland leben zu dürfen, schon bevor man umzieht. Man kann dann komplett alles von Deutschland aus organisieren. Außerdem macht es die Jobsuche einfacher, wenn man schon die Erlaubnis hat, hier zu arbeiten.

Zwei Beispiele aus der Praxis

Ein Diplominformatiker aus Bremen hat sich Neuseeland vor der Auswanderung als Tourist mit seiner Frau in einem vierwöchigen Urlaub angeschaut, und zwar schon im Hinblick auf eine mögliche Auswanderung. Das Land und die Leute haben ihm gefallen. Aufgrund seines Berufes, der auf der *Long Term Skill Shortage List* aufgeführt wurde, hat er es geschafft, den *Residence Permit* zu bekommen, ohne vorher einen Job zu organisieren. Seit Dezember 2005 lebt das Paar in Wellington, wo er einen Job gefunden hat. Die Jobsuche war natürlich einfacher mit einem *Residence Permit* im Pass. Er arbeitete anfangs auch nur an einem Neun-Monats-Projekt, was als *Job Offer* im Einwanderungsverfahren nicht ausgereicht hätte. (Siehe dazu auch das Porträt auf S. 228.)

Ganz in der Nähe Wellingtons findet man der Küste vorgelagert die *Red Rocks*.

Ein 35-jähriger Diplom-Designer (FH) aus der Nähe Mönchengladbachs hatte sich mit seiner Lebenspartnerin auch schon ausgiebig über Neuseeland informiert und sie waren Ende 2007 auch schon gemeinsam auf Erkundungsurlaub. Er ist selbständiger Musikproduzent im digitalen Bereich, hat also fundierte IT-Kenntnisse. Geplant ist, auch in Neuseeland selbständig zu arbeiten und zumindest anfangs von hier aus bestehende Kunden in Deutschland zu betreuen.

Die beiden dachten ursprünglich an eine Einwanderung aufgrund der *Entrepreneur Category*, haben aber inzwischen bereits eine ITA (*Invitation to Apply*) aufgrund der *Skilled Migrant Category* erhalten und auch schon den *Residence*-Antrag im Dezember 2008 eingereicht. Ein *Job Offer* war nicht nötig, wie bereits näher erläutert. Je nachdem, wie überzeugend er sich im Telefoninterview »verkaufen« kann, bekommt das Pärchen entweder sofort einen unbeschränkten *Residence Permit*, mit dem er auch gleich freiberuflich arbeiten kann, oder sie erhalten zunächst nur einen *Work Permit* für neun Monate. Wenn er innerhalb der neun Monate einen Job (*skilled employment*) gefunden hat, wird im Anschluss auch der *Residence*-Antrag genehmigt. Mit guter Vorbereitung auf das Interview sollte das erste (ideale) Szenario erreichbar sein.

Einwanderung mit Jobsuche via Internet 4.3

Heutzutage kann man fast alles über das Internet organisieren. Natürlich werden auch viele Jobs über spezielle *Job-Search*-Internetseiten angeboten und man hat in der Regel Zugang zu den Stellenanzeigen der Tageszeitungen. Ist es möglich, einen Job in Neuseeland über das Internet zu bekommen? Leider ist das nur in den seltensten Fällen realistisch.

Trotzdem ein Erfolgsfall aus der Praxis

Ein Geo-Informatiker aus München wurde von Navman (www.navman.com) angestellt, nachdem er eine Stellenausschreibung im Internet gesehen hatte. Vorher hatten er und seine Familie sich aber schon auf die Einwanderung vorbereitet. Chronologisch lief es wie folgt ab: Mai 2002: Vorbereitung auf die diversen Einwanderungsverfahren (NZQA, *Work Permit* und *Residence Permit*), Dezember 2002: Stellenanzeige für Navman über eine *Recruitment Company* im Internet, Januar 2003: *Job Interview* in Auckland, Februar 2003: Einreichung des *Work-Visa*-Antrages, März 2003: Genehmigung des *Work Visa*, April 2003: Arbeitsbeginn, Juli 2003: Genehmigung des *Residence*-Antrages.

Das Beispiel zeigt, dass man in dem Moment, wo man einen Job gefunden hat, in der Lage sein muss, schnell zu reagieren. Denn der Arbeitgeber will natürlich, dass man möglichst schnell anfangen kann – und da ist man im Nachteil gegenüber neuseeländischen Bewerbern, da man ja noch die nötigen Papiere braucht. Hier war das nur möglich, weil:

- die Entscheidung, nach Neuseeland auszuwandern, feststand,
- alles Wesentliche für die Einwanderungsformalitäten vorbereitet war, so dass der *Work Permit* schnell genehmigt wurde,

- in Deutschland beruflich (Kündigung etc.) und privat alles schnell abzuwickeln war,
- der Arbeitgeber von vornherein bereit war, Ausländer zu berücksichtigen und, ganz wichtig,
- der Arbeitgeber aufgrund der bereits fortgeschrittenen Vorbereitung des Einwanderungsverfahrens sehen konnte, dass der ausländische Bewerber es ernst meint.

Oft beklagen sich neuseeländische Arbeitgeber, dass sie sich auf Vertragsverhandlungen mit Ausländern einlassen, dann aber später enttäuscht werden, weil der vermeintliche Einwanderer es sich doch anders überlegt hat! Leider ist das obige Beispiel eine Ausnahme. Bewerbungen aus Deutschland sind meist vergebens, weil:

- der Arbeitgeber sich von vornherein nur auf Bewerber einlässt, die bereits eine Arbeitserlaubnis haben,
- der Arbeitgeber doch noch jemanden in Neuseeland gefunden hat (unter Umständen weniger qualifiziert, aber ohne Papierkram),
- der Arbeitgeber jemanden aus dem englischsprachigen Ausland bevorzugt hat (nicht nur wegen der Sprache, sondern auch, weil man sich besser kennt und einschätzen kann),
- der Bewerber aus Deutschland nicht schnell genug anfangen konnte oder wollte.

Trotzdem ist die Jobsuche via Internet nicht völlig nutzlos. Sie ist eine gute Übung, um sich mit den Realitäten des neuseeländischen Arbeitsmarktes vertraut zu machen. Und vielleicht hat man ja auch Glück, schließlich soll es ja auch Leute geben, die sechs Richtige im Lotto haben!

Wer es versucht, sollte sich nicht darauf beschränken, nur seinen Lebenslauf zu verschicken. Wichtig ist, mit den Leuten zu reden! Also keine Hemmungen: zum Telefon greifen und einfach mal nachhaken! Die Neuseeländer sind fast immer offen für ein nettes Gespräch mit dem anderen Ende der Welt.

Die Handwerksberufe wurden weiter vorne als die Berufe mit den besten Chancen angepriesen. IT-Berufe standen dahinter an zweiter Stelle. Bei der Jobsuche via Internet hat man im Handwerksbereich allerdings sehr wenig Chancen. Die IT-Branche glaubt eben eher an die Möglichkeiten des Internets – im Handwerk ist man da konservativer.

4.4 Einwanderung, ohne jemals in Neuseeland gewesen zu sein?

Ja, das kommt vor! Meist ist die Hauptmotivation »raus aus Deutschland!«. Man hat sich im Internet und anhand anderer Quellen über diverse Auswanderungsoptionen informiert und ist bei Neuseeland hängen geblieben.

Ein paar Beispiele aus der Praxis

Einem 39-jährigen selbständigen Tischler- und Schreinermeister aus Hofheim am Taunus machte die Selbständigkeit und die Arbeit in Deutschland keinen Spaß mehr. Geld war ziemlich knapp, so dass ein vorheriger Besuch Neuseelands mit Frau und zwei Kindern nicht in Betracht kam. In Wellington arbeitet er nun als angestellter Tischler bei einem kleinen Küchenhersteller. Er ist der einzige richtig qualifizierte Handwerker in dem Betrieb und freut sich, dass seine Fähigkeiten und Kenntnisse gefragt sind. Das Geld ist immer noch knapp, aber in Neuseeland lebt es sich, nach seiner Meinung, besser von der Hand in den Mund als in Deutschland. Außerdem ist er froh, nicht mehr dem Stress der Selbständigkeit ausgesetzt zu sein. Es ging jedoch nicht immer alles glatt. Im Mai 2007 trat er mit einem *Work Permit* seine erste Stelle bei einem deutschstämmigen Arbeitgeber an, wo er in erster Linie auf dem Bau arbeiten musste. Da er insbesondere mit dem Arbeitgeber nicht gut auskam, wechselte er zu einem Möbelhersteller, wo er aber auch nicht ganz glücklich war. Erst im dritten Anlauf fand er seine jetzige Stelle, die ihm Spaß macht. Im Dezember 2008 wurde der *Residence*-Antrag genehmigt.

Natürlich kann so ein Sprung ins kalte Wasser auch schief gehen: Ein Ehepaar aus Karlsruhe wollte nicht erst einmal auf Probe ein paar Monate hier leben, auch ein Besuch als Touristen erschien ihnen unnötig, obwohl aufgrund einer Erbschaft ausreichend Vermögen vorhanden war. Sie hatten gleich die Gewissheit, dass sie hier auch leben und arbeiten können. Er war Tischler für Theaterbühnen – ein vergleichbarer Job war für ihn allerdings nicht zu finden, so dass er zunächst als »einfacher Handwerker« anfangen sollte. Leider haben sich Vorstellung und Realität nicht gedeckt. Sie sind nach ein paar Wochen wieder nach Deutschland zurückgekehrt.

Wer in Deutschland unzufrieden ist, der wird nicht unbedingt glücklich in Neuseeland! Es hilft jedoch, wenn die Erwartungen nicht zu hoch gesteckt sind. Zum erfolgreichen Einleben in Neuseeland gehört eben mehr als nur eine Arbeit. Die neuseeländischen

Freunde und das restliche private Umfeld kann man nicht schon vorher organisieren – dazu gehört auch Glück, und das lässt sich bekanntlich nicht erzwingen.

4.5 Einwanderung mit Vorboten

Einer geht vor und der Rest der Familie kommt nach, sobald sich der Vorbote eingelebt hat. Das ist durchaus eine Möglichkeit, um vielleicht große Enttäuschungen für die ganze Familie zu vermeiden.

Ein Beispiel aus der Praxis

Ein Metzger aus dem Odenwald ist im Juni 2005 zunächst alleine ausgewandert. Als er dann Arbeit als Metzger in einem Supermarkt gefunden hatte, ist seine Frau mit ihrem erwachsenen Sohn im September des gleichen Jahres nachgekommen. Er hatte übrigens seinen eigenen Vorboten – einen Freund, der auch Metzger ist und vor ihm ausgewandert ist. Sein Freund hatte ihm auch den Job vermittelt. Seit Juni 2008 haben er und seine Frau einen *Residence Permit*. Den erwachsenen Sohn hat es wieder nach Deutschland zurückgezogen, während der Vater inzwischen in Queenstown sein eigenes Fleischergeschäft aufgemacht hat.

4.6 Einwanderung als Student

Wer hier studiert, darf so lange im Lande bleiben, wie das Studium dauert. Theoretisch könnte man hier sogar als ewiger Student leben, denn solange man die Studiengebühren bezahlt, darf man mit einem *Student Permit* hier leben. Es ist auch möglich, während des Studiums bis zu 20 Stunden pro Woche zu arbeiten – eine gute Möglichkeit also, sich nach einem Job umzuschauen, der dann im Einwanderungsverfahren genutzt werden kann.

Mit Studium sind nicht nur Universitäts- oder spezielle Berufsausbildungen, sondern durchaus auch Sprachschulen gemeint. Ebenso sind Studienkurse, die zur beruflichen Registrierung führen, denkbar.

Wer also nicht zu den Glücklichen gehört, die einen Beruf haben, der hier gefragt ist, für den ist die Einwanderung über den Umweg eines Studiums durchaus eine Alternative – Alter spielt da grundsätzlich keine Rolle! Das einzige Problem ist allerdings, dass das eine kostspielige Lösung ist, und in den 20 Stunden pro Woche, die man arbeiten darf, kann man sich auch kaum seinen Lebensunterhalt verdienen.

Die ewigen Besucher 4.7

Manche Neuseelandfans wandern nicht richtig aus, sondern leben hier als Touristen, so lange und so oft es geht. So macht es zum Beispiel der Bäcker, der nicht bereit war, 50 Prozent der Bäckerei in Auckland zu kaufen, um so seinen *Residence Permit* zu bekommen (siehe Seite 78). Er hat ganz oben im warmen Norden Neuseelands ein Haus gekauft und lebt dort mit seiner Frau so oft und so lange sein *Visitor Permit* es ihm erlaubt.

Wie schon an anderer Stelle erwähnt, bekommt man als Deutscher meist einen *Visitor Permit* mit einer Laufzeit von insgesamt zwölf Monaten. Warum also auswandern? Der Haken bei der Sache ist, dass man maximal neun Monate in einem beliebigen 18-Monate-Zeitraum in Neuseeland leben darf. Wer also zwölf Monate am Stück in Neuseeland war, der muss zwölf Monate warten, bis er wieder einreisen darf. Wenn er nach einem Jahr wieder einreist, dann darf er nur sechs Monate bleiben, bevor er wieder ausreisen muss.

Wer sehr häufig und lange nach Neuseeland reist, sollte seine Hausaufgaben machen und genau durchrechnen, ob und wie lange er bei der nächsten Einreise in Neuseeland bleiben darf, um böse Überraschungen bei der Abreise am Flughafen zu vermeiden.

Der Leuchtturm am Nugget Point

Auf dem Sprung – Der Umzug 5

Vor dem eigentlichen Umzug müssen einige Entscheidungen hinsichtlich des »alten Lebens« getroffen werden. Muss wirklich alles komplett abgebrochen werden? Lohnt es sich, einiges bestehen zu lassen? Die Antwort lautet meistens: Je radikaler der Schnitt, desto besser und schneller lebt man sich in Neuseeland ein. Neuseeland ist einfach zu weit weg, um aus der Ferne noch Dinge in Deutschland zu managen. Außerdem braucht man für den Neuanfang in Neuseeland meist all seine Energie – da lenken Altlasten aus Deutschland nur ab.

Manche Dinge, wie zum Beispiel die Einrichtung eines neuseeländischen Bankkontos, lohnen sich auch schon vor der Abreise, noch von der Heimat aus, zu organisieren.

Abwicklung von Beruf und Geschäft 5.1

Für manch einen ist Zelte abbrechen schwerer als Zelte aufbauen.

Ein Beispiel aus der Praxis

Ein mittelständischer Unternehmer im Heizungs- und Sanitärbereich plant schon seit Jahren die Einwanderung nach Neuseeland. Die ersten Schritte, insbesondere die Bewertung der Ausbildung, sind auch schon abgeschlossen. Es hapert jedoch an der Sprache – für den Englischtest reicht es nicht aus. Den Test könnte er zwar unter Umständen vermeiden, wenn er in Neuseeland mindestens ein Jahr mit einem *Work Permit* arbeitet (siehe Seite 99 f.). Als gelernter Klempner hätte er auch den richtigen Beruf. Selbst mit seinen beschränkten Sprachkenntnissen sollte er Arbeit finden. Er möchte allerdings nicht ins kalte Wasser springen und seine sehr gut laufende Firma verkaufen, bevor er nicht die Sicherheit hat, hier dauerhaft bleiben zu dürfen. Die ganze Abwicklung, die mit dem Firmenverkauf verbunden ist, dauert über ein Jahr – so lange wartet kein Arbeitgeber! Und erst verkaufen, bevor man hier einen Job hat, scheint ihm eben doch zu gewagt. Dafür geht es ihm und seiner Familie doch zu gut in Deutschland. Es wird daher wahrscheinlich beim Traum bleiben! In seinem Fall ist die Einwanderung einfacher als die Auswanderung!

Angestellte haben es da einfacher. Sie brauchen »nur« zu kündigen! Das ist schneller abgewickelt als ein Unternehmensverkauf. Aber auch das kann bei den langen Kündigungsfristen in Deutschland manchmal zu lange dauern. Ein Bauingenieur, der in München als Projektleiter in der Baubranche arbeitet, hatte ein Jobangebot von einer Firma in Christchurch, das er aufgrund seiner Kündigungsfrist nicht wahrnehmen konnte. Die neuseeländische Firma brauchte dringend einen Projektmanager und konnte nicht so lange warten.

5.2 Verkaufen oder mitnehmen?

Das muss jeder für sich entscheiden. Hier nur einige Tipps:

Haus:
Verkaufen oder vermieten? Verkaufen! Das ist jedenfalls in den meisten Fällen ratsam. Die Mieter merken schnell, wenn der Vermieter nicht mehr im Lande ist. Sich in Deutschland wirkungsvoll vertreten zu lassen, ist teuer. Selbst wenn der Verkauf nicht den erwünschten Preis bringt, ist es meist besser, diese Sorge aus dem Kopf zu haben und sich voll auf den Neuanfang in Neuseeland zu konzentrieren. Hier kann man das Kapital dann sinnvoll verwenden, was unter Umständen den (vermeintlichen) Verlust ausgleicht.

Möbel:
In Neuseeland haben die meisten Häuser Einbauschränke. Große Schrankwände mitzunehmen kann sich daher später als Fehler herausstellen.

Krankenversicherung:
Die deutsche Krankenversicherung kann gekündigt werden, wenn man hier entweder mit einem *Residence Permit* oder einem *Work Permit* mit einer Laufzeit von mindestens 24 Monaten leben kann. Problematischer ist es allerdings bei denen, die erst einmal mit einem *Working-Holiday-* oder einem *Visitor*-Visum nach Neuseeland einreisen und sich dann hier vor Ort um die Einwanderung kümmern. Als Tourist mit einem *Working-Holiday*-Visum (oder einem *Work Permit* unter 24 Monaten Dauer) ist man in Neuseeland nicht vom so genannten *Public Health System* abgedeckt.

In diesen Fällen lohnt es sich unter Umständen, die deutsche Versicherung weiterlaufen zu lassen oder eine Reiseversicherung zu organisieren. Sowohl in Deutschland als auch in Neuseeland gibt es Anbieter für Reiseversicherungen. Neuseeländische Anbieter sollte man bei der Auswahl durchaus berücksichtigen, da es im Schadensfall von Vorteil sein kann, den Versicherer vor Ort zu haben, da die Abwicklung dann unter Umständen wesentlich unkomplizierter ist.

Will man sich den Wiedereintritt in eine private Krankenversicherung in Deutschland offenhalten, sollte man die Bedingungen mit dem Versicherer durchsprechen, bevor man die Police kündigt.

Lebens- und Einkommensversicherung:
Reine Risikolebensversicherungen sind in Neuseeland meist günstiger als vergleichbare deutsche Policen. Man sollte sich in Neuseeland von einem Fachmann beraten lassen und existierende deutsche Policen mit dem Angebot in Neuseeland vergleichen, bevor man Versicherungen kündigt. Viele deutsche Policen verlieren außerdem bei einem dauerhaften Auslandsaufenthalt ihre Gültigkeit – hier sollte man im Zweifelsfall beim Versicherer nachfragen!

Bei den in Deutschland immer noch populären Kapitallebensversicherungen, die Spar- und Versicherungskomponenten koppeln, sollte man vor der Auswanderung folgende Möglichkeiten abwägen: Rückkauf, Stilllegung oder Weiterführung der Police. Die beste Option hängt von der Laufzeit, der internen Verzinsung und dem aktuellen Rückkaufwert ab. Bei einer Weiterführung sollte man ebenfalls mit dem Versicherer klären, ob die Police bei einem Umzug ins Ausland Gültigkeit hat. Hier empfiehlt sich in jedem Fall eine individuelle Beratung, die die jeweilige Police analysiert.

Fernseher:
Deutsche Fernseher funktionieren hier. Der Stecker passt mit einem Adapter. Ob es sich lohnt, hier fernzusehen, ist allerdings eine andere Frage.

Auto und Motorrad:
Verkaufen! Der Aufwand, der mit der Einfuhr nach Neuseeland verbunden ist, lohnt sich nur bei Liebhaberexemplaren, von denen man sich nicht trennen will. Hier gibt es alle gängigen Modelle und die Preise sind auch vergleichbar. Unter Umständen stellt man hier auch fest, dass man ein ganz anderes Auto braucht als in Deutschland.

Hund und Katze:
Die Hunde- und Katzeneinwanderung wird später ausführlicher beschrieben, da sich doch viele von ihren liebgewonnenen Vierbeinern nicht trennen können. Das Verfahren ist allerdings sehr aufwendig und auch nicht billig, so dass viele sich dafür entscheiden, ein neues Herrchen zu suchen.

Vögel:
Papageien und Kanarienvögel müssen leider zu Hause bleiben. Die Einfuhr von Vögeln ist verboten!

Abmeldung in Deutschland:
Aus neuseeländischer Sicht ist das nicht notwendig. Manch einer entscheidet sich, in Deutschland noch eine Briefkastenadresse bei der Familie oder Freunden zu behalten, andere melden sich pflichtgemäß nach Neuseeland ab und wieder andere melden sich ab und geben einfach nur »langfristige Weltreise« als Zielort an... Das muss jeder für sich entscheiden!

5.3 Bankkonto

Ob man in Deutschland ein Konto behält oder nicht, ist eine persönliche Entscheidung, die meist davon abhängt, ob man noch finanzielle oder geschäftliche Interessen in Deutschland hat. Erwähnenswert ist hier vielleicht, dass von einem Konto bei der Deutschen Bank problemlos an ATMs der hiesigen *Westpac*-Bank bis zu 800 NZ$ pro Tag abgehoben werden können (man braucht dazu kein Konto bei der *Westpac* zu haben!).

Sinnvoll ist es auf jeden Fall, ein Bankkonto in Neuseeland zu haben, im Idealfall schon vor dem Umzug, dann kann man sein Geld schon vor der Abreise überweisen. Das Problem ist jedoch, dass manche Banken die persönliche Anwesenheit zur Kontoeinrichtung verlangen. Manch einer hat das schon beim letzten Neuseelandbesuch erledigt. Banken machen aber unter Umständen eine Ausnahme und sehen von der persönlichen Erscheinungspflicht ab, wenn ein Anwalt oder Freund für den nicht anwesenden Einwanderer bürgt. Die Einrichtung eines Kontos sollte dann innerhalb einer Woche möglich sein.

Bis auf eine Ausnahme, die *Kiwibank*, sind alle Großbanken in australischem Besitz. Die gängigsten Banken sind *ASB Bank* (*Auckland Savings Bank*), *National Bank*, *Bank of New Zealand* (BNZ), *Australia New Zealand Bank* (ANZ), *Westpac* und *Kiwibank*. Die Leistungen, die von den verschiedenen Banken angeboten werden, sind sehr ähnlich. Grundsätzlich macht es keinen Unterschied, welche Bank man wählt.

In Neuseeland wird immer noch sehr viel mit Schecks bezahlt. Es ist daher empfehlenswert, sich sowohl einen *Cheque Account* (Scheckkonto) als auch einen *Savings Account* (Sparkonto) einzurichten. Beide Konten können mit derselben Stamm-Kontonummer eingerichtet werden. Zinsen gibt es in der Regel nur auf dem *Savings Account*. Für das Scheckkonto bekommt man ein *Cheque Book* (Scheckbuch). Trotz der Schecks ist auch das Internet-Banking sehr verbreitet und sehr zu empfehlen. Eine besonders gute Internet-Banking-Plattform bietet die *ASB Bank*.

Einrichtung eines Family Trust 5.4

In Neuseeland hat jede zweite Familie einen so genannten *Family Trust*. Das schließt auch Politiker wie unseren Premierminister John Key ein, dessen Trust »*JP & BI Key Family Trust*« heißt. Jeder halbwegs vermögende Einwanderer aus Deutschland sollte auch einen *Family Trust* haben, und zwar möglichst schon bevor er nach Neuseeland kommt. Dass das meist nicht passiert, hat einen simplen Grund: Kein Mensch (außerhalb des angelsächsischen Rechtssystems) weiß, was ein Trust ist!

Die naheliegendste Übersetzung von Trust ist Vertrauen. Das ist aber nur eine Bedeutung! Im juristischen Kontext ist der Trust ein Rechtsinstitut, das Vermögen besitzt und verwaltet. Am schnellsten lässt sich die Bedeutung des Trusts verdeutlichen, wenn man das Pferd von hinten aufzäumt und fragt: Wer hat etwas davon? Die eigentlichen Nutznießer, also Begünstigten des Trusts (*Beneficiaries*) genießen alle

Vorteile aus dem Vermögen, sind aber selber besitz- und vermögenslos. Um es an einem Beispiel ganz klar zu machen: Mein Haus, in dem ich mit meiner Familie wohne und das ich von meinem eigenen Geld bezahlt habe, gehört nicht mir, sondern einem Trust! Da ich *Beneficiary* (Nutznießer) des Trusts bin, darf ich in meinem (eigenen) Haus wohnen.

Was das Ganze soll? Ein kurzer Blick auf den historischen Ursprung gibt vielleicht einen ersten Einblick:

Der Trust hat eine lange Geschichte, die bis in die Zeiten der Kreuzritter zurückgeht.

Der Trust hat eine lange Geschichte, die bis in die Zeiten der Kreuzritter zurückgeht. Als die Ritter auf ihre langen Kreuzzüge gingen, wollten sie sicherstellen, dass ihre feudalen Besitztümer zu Hause weiter effektiv verwaltet wurden. Sie übertrugen zu diesem Zweck das Eigentum an ihren Ländereien auf Freunde, die während ihrer Abwesenheit dafür sorgten, dass die Vasallen, die die Ländereien bewirtschafteten, weiter ihre Abgaben leisteten. Nach der Rückkehr sollte das Eigentum wieder rückübertragen werden.

Viele Kreuzritter mussten nach ihren langen Reisen jedoch feststellen, dass auf die Freunde, denen sie ihr Vertrauen geschenkt hatten, kein Verlass war. Als sie das Eigentum an den Ländereien zurückhaben wollten, verweigerte mancher »Freund« die Rückgabe. Zunächst auch mit Erfolg, denn sie hatten ja das volle legale Eigentum am Grund und Boden erworben. Die Kreuzritter beschwerten sich beim König und erreichten, dass der *Lord Chancellor* (eine Art Justizminister) die Ungerechtigkeit anerkannte. Das war die Geburtsstunde des Trusts, wie man ihn heute kennt, basierend auf der Aufspaltung des Eigentums in zwei Teile, die rechtmäßige Eigentümerschaft (*legal title*) und die begünstigte Eigentümerschaft (*equitable title*).

Der rechtmäßige Eigentümer ist lediglich Eigentümer auf dem Papier, der wahre Eigentümer ist der Begünstigte, der das Eigentum nutzen darf und dessen Rechtsstellung im angelsächsischen Recht geschützt ist. Und zwar geschützt in zweierlei Hinsicht: erstens gegenüber dem rechtmäßigen Eigentümer (dem *Trustee*) und zweitens gegenüber Dritten. Der rechmäßige Eigentümer (*Trustee*) darf nur im Interesse des Begünstigten (*Beneficiary*) handeln und der begünstigte Eigentümer kann gegenüber Dritten (zum Beispiel Gläubigern) auf Vermögenslosigkeit plädieren. Eine derartige Aufspaltung des Eigentums kennt das deutsche Recht nicht und folglich sind Trusts nach deutschem Recht nicht möglich (allerdings stehen Trusts unter dem Schutz der Haager Konvention). Treuhandverhältnisse, die auf den ersten Blick dem Rechtsinstitut des Trusts ähneln, haben keinen vergleichbaren Schutz gegenüber Dritten (wie zum Beispiel dem Finanzamt!).

Eine derartige Aufspaltung des Eigentums kennt das deutsche Recht nicht und folglich sind Trusts nach deutschem Recht nicht möglich.

In Neuseeland (wie auch in England) hat jeder das Recht, sein Eigentum aufzuspalten und einen Trust zu gründen. Damit kann folgendes erzielt werden:

Schutz der Privatsphäre:

Manch einer möchte nicht, dass jeder weiß beziehungsweise problemlos durch Einsicht in Grundbuchakten oder Firmenregister herausfinden kann, welche Vermögenswerte man besitzt. Oft haben Familientrusts den Familiennamen im Trustnamen – das ist jedoch nicht zwingend. Der Trust kann genauso gut *Anchor Trust* oder *Berlin Trust* oder wie auch immer heißen, so dass aus dem Namen keine Rückschlüsse auf die Begünstigten zu ziehen sind. Die Trusturkunde (*Trust*

Deed) ist nicht öffentlich zugänglich, muss nicht registriert sein und bleibt daher im privaten Besitz der Beteiligten. Lediglich Parlamentsmitglieder müssen alle ihre Rechte und Pflichten offenlegen, so dass der Name des Familientrusts des Premierministers leicht herauszufinden war.

Erbschaftsregelungen und Nachlassverwaltung:
Family Trusts eignen sich hervorragend dazu, Erbschaftsangelegenheiten nicht nur zu regeln, sondern auch den Nachlass zu verwalten. In einem typischen *Family Trust* sind die Erben und die Begünstigten aus dem Trust deckungsgleich. Am Beispiel veranschaulicht: Unser *Family Trust* hat Bestand über meinen Tod hinaus. Das Haus, in dem ich wohne, gehört nicht zur Erbmasse, sondern bleibt selbstverständlich auch nach meinem Tod im Trust, so dass meine Familie (also meine Erben) weiter darin wohnen und alle Vorteile aus dem Hauseigentum (begünstigte Eigentümerschaft) ziehen darf.

Vermögensschutz:
Ein Trust hat zwar keine eigene Rechtspersönlichkeit wie zum Beispiel eine GmbH (*Limited Liability Company*), ist aber trotzdem vom Begünstigten rechtlich getrennt (aufgrund der Aufsplittung des Eigentums). Mit anderen Worten, sollte ein Geschäftsmann (aus welchen Gründen auch immer) seinen finanziellen Obligenheiten gegenüber seinen Gläubigern nicht mehr nachkommen können, dann können die Gläubiger nicht in das Vermögen des Trusts vollstrecken. Eine Vollstreckung in das Trustvermögen ist nur in extremen Ausnahmefällen – zum Beispiel bei Betrug oder Geldwäsche – möglich!

Steuerplanung:
Die steuerlichen Vorteile, die ein Trust zu bieten hat, wurden auch den Feudalherren im Mittelalter schnell bewusst. Für Ländereien, die im Trustvermögen waren, fiel zum Beispiel im Todesfalle keine Erbschaftssteuer an. Nun gibt es in Neuseeland zwar keine Erbschaftssteuer, aber das bedeutet ja nicht, dass die nicht, wie in den meisten westlichen Ländern, mal eingeführt wird! Wer sein Vermögen in einen Trust überträgt, kann sich daher schon heute gut gegen eine eventuell zukünftige Einführung einer Erbschaftssteuer schützen!

Ein neuseeländischer Familientrust ist in Neuseeland einkommenssteuerpflichtig. Eine völlige Steuerbefreiung ist für diese Trusts nicht möglich, sondern kann nur bei so genannten *New Zealand Foreign Trusts* (die aber nur für Ausländer, also nicht für Einwanderer in Betracht kommen) erreicht werden. Für den normalen *Family Trust*, der auch für Einwanderer in Betracht kommt, gilt ein Steuersatz von 33 Prozent. Dem steht der Höchststeuersatz für natürliche Personen in Höhe von 38 Prozent (für Jahreseinkommen über 70.000 NZ$) gegenüber. Der Trust bietet die Möglichkeit, Einkommen aufzusplitten und vom günstigeren Steuersatz zu profitieren. Darüber hinaus bietet der Trust weitere steuerliche Vorteile, deren Darstellung jedoch den Rahmen dieses Buches sprengen würde.

Ein neuseeländischer Familientrust ist in Neuseeland einkommenssteuerpflichtig.

Miteigentumsrechte:
Jeder vom Trust Begünstigte – und das ist in der Regel eine offene Gruppe, wie zum Beispiel alle direkten Familienangehörigen – ist automatisch Miteigentümer der begünstigten Eigentümerschaft, also Nutznießer

des eigentlichen Wertes. Dazu bedarf es keiner umständlichen Grundbucheintragung. Die *Trust Deed* kann auch jederzeit wieder geändert werden und zum Beispiel vorher Begünstigte explizit ausschließen – auch ohne umständliche Grundbucheintragungen.

Ein großer Nachteil für die meisten Neuseeländer und Einwanderer (und das schließt meine eigene Familie ein) ist, dass Vermögen nicht ohne weiteres in einen Familientrust übertragen werden kann. Die Übertragung ist nämlich eine Schenkung im Sinne des neuseeländischen Steuerrechts, obwohl, wie ja schon oben erwähnt, der Trust keine eigene Rechtspersönlichkeit hat. Das neuseeländische Finanzamt (IRD oder *Inland Revenue Department*) besteuert die Übertragung von Vermögen auf den Trust daher mit einem Steuersatz von bis zu 25 Prozent – je nach Höhe der Schenkung. Bis zum Betrag von 27.000 NZ$ pro Jahr sind Schenkungen allerdings von der Steuer befreit. Aufgrund dieser Situation übertragen die meisten Neuseeländer ihr Vermögen in kleinen »Scheibchen« von 27.000 NZ$ pro Jahr. Bis eine Immobilie auf diese Weise voll auf den Trust übertragen ist, können daher Jahrzehnte vergehen!

In zwei Fällen erübrigt sich dieses umständliche Übertragungsverfahren: erstens bei Leuten, die schlau und vorausblickend genug waren, sich einen Trust einzurichten, bevor sie Vermögen angehäuft hatten und zweitens bei Einwanderern, die zwar schon Vermögen haben, aber einen Trust schon vorausschauend eingerichtet hatten, bevor sie in Neuseeland steuerpflichtig wurden (also in der Regel vor der Einreise). Für Einwanderer besteht also die einmalige Gelegenheit, ihr gesamtes Vermögen in einem Rutsch auf einen *Family Trust* zu übertragen, ohne die Schenkungssteuer zahlen zu müssen! Nur zwei Voraussetzungen (die bei den meisten Einwanderern leicht erfüllt werden können) müssen gegeben sein:

1. Der Schenker (Einwanderer) muss seinen Steuerwohnsitz im Zeitpunkt der Schenkung noch außerhalb Neuseelands haben (daher sollte die Schenkung möglichst vor der Einreise erfolgen).

2. Das zu schenkende Vermögen muss sich im Zeitpunkt der Schenkung außerhalb Neuseelands befinden (später kann der Trust das Vermögen dann problemlos, ohne steuerliche Implikationen, nach Neuseeland transferieren).

Aber auch für die, die das Buch lesen, ohne nach Neuseeland auszuwandern, hat Neuseeland einen ganz besonderen Trust zu bieten: den so genannten *New Zealand Foreign Trust*. Wie schon oben angedeutet, ist dieser von der Steuer befreit. Neuseeland wird damit zu einer Steueroase für diejenigen, die ihr Vermögen auf den Trust übertragen und nicht in Neuseeland leben. Wohlgemerkt, »übertragen« bedeutet nicht »nach Neuseeland transferieren«, denn nur solange das Vermögen im Ausland liegt (egal ob in Australien, Liechtenstein, der Schweiz oder Österreich), ist das daraus generierte Einkommen steuerfrei!

Aber auch für die, die das Buch lesen, ohne nach Neuseeland auszuwandern, hat Neuseeland einen ganz besonderen Trust zu bieten...

Mit der Übertragung des Vermögens auf einen *New Zealand Foreign Trust* erreicht man all die oben erwähnten Vorteile. Besonders wichtig ist für viele in diesem Zusammenhang der Schutz der Privatsphäre oder anders ausgedrückt die Anonymität. Nach außen hin ist nicht erkennbar, wer dahinter steht beziehungsweise wer die Begünstigten sind. Nach außen tritt nur der *Trustee* in Erscheinung.

An dieser Stelle wird es Zeit, das »Pferd nicht länger von hinten aufzuzäumen« und kurz auf die Struktur des Trusts einzugehen. Das Grundprinzip ist dasselbe wie bei den Kreuzrittern. Das legale Eigentum (*legal title*) wird auf eine andere Rechtspersönlichkeit übertragen, mit der Folge, dass einem das Vermögen formal-rechtlich nicht mehr gehört. Denjenigen, dem man das Vermögen formal-juristisch überträgt, nennt man *Trustee* (also eine Art Treuhänder). *Trustee* kann eine natürliche Person sein oder aber nach neuseeländischem Recht auch eine Firma. Diese ist eine »ganz normale« Ltd. (*Limited Liability Company*), vergleichbar mit einer Holding-GmbH, deren ausschließlicher Zweck die Verwaltung des Trustvermögens ist. Das Schöne ist, dass nach neuseeländischem Recht die Firma von den Begünstigten des Trusts kontrolliert werden kann (aber nicht muss). Mit anderen Worten, der Kontinentaleuropäer, der noch nicht so vertraut mit dem Trust ist, braucht sich nicht auf Dritte zu verlassen, sondern hat praktisch die Kontrolle über beide Eigentumsteile: Das formal-rechtliche legale Eigentum (*legal title*) wird über die *Trustee*-Firma kontrolliert und von der »begünstigten Eigentümerschaft« (*equitable title*) profitiert er als *Beneficiary*.

Ein Trust ist ein komplexes Rechtsinstitut, das über viele Jahrhunderte gewachsen ist und verfeinert wurde. Anders als in kontinentaleuropäischen Rechtssystemen (dem so genannten *Civil Law*) ist das Trust-Recht nur begrenzt gesetzlich geregelt, sondern basiert in erster Linie auf dem so genannten *Common*

Law, das sich maßgeblich auf richterliche Urteile der Vergangenheit, so genannte Präzedenzfälle, stützt. Mit Trust-Literatur kann man ganze Bibliotheken füllen, und im Rahmen dieses Buches weiter ins Detail zu gehen, würde unter Umständen nicht nur Verwirrung stiften, sondern auch zu Ungenauigkeiten und damit Fehlinformationen führen.

Für immer Neuseeland beschränkt sich daher bewusst darauf, nur die Oberfläche anzukratzen und das Wesentliche verständlich zu machen. Wesentlich in diesem Zusammenhang ist, dass der Trust sehr flexibel ist. Es gibt nicht einen Trust, sondern viele verschiedene Variationen – je nachdem, welcher Zweck oder Hauptzweck verfolgt wird. Ein Trust dient aber in fast allen Fällen dazu, die (Familien-)Angelegenheiten in die eigene Hand zu nehmen, anstatt auf Gesetze und Regelungen von »Vater Staat« zu vertrauen. In vielen Fällen will man sich auch gegen Regelungen des Staates (ob jetzt oder in der Zukunft) schützen und dafür sorgen, dass das Vermögen in der Familie bleibt und sinnvoll verwaltet wird. Die Trusturkunde wird in der Regel recht offen gehalten, ohne alles im Detail zu kodifizieren und festzulegen. Man kann später auch ohne großen Aufwand seine Meinung zu einem Aspekt ändern – die Trusturkunde ist dann entweder schon flexibel genug gestaltet, um das zu erlauben, oder man kann sie problemlos nachträglich ändern. Diese Flexibilität macht es möglich, dass der Trust auf Änderungen im familiären oder wirtschaftlichen Umfeld reagieren kann, ohne dass aufwendige Urkundenänderungen nötig ist. Das Hauptprinzip ist, dass der *Trustee* oder die *Trustees* im Sinne und im Interesse der Begünstigten handeln müssen.

Wesentlich in diesem Zusammenhang ist, dass der Trust sehr flexibel ist.

Mit der Einwanderung nach Neuseeland fängt das Leben sozusagen wieder von vorne an – Neuseeland ist wie ein unbeschriebenes Blatt Papier und es liegt an einem selber, was man daraus macht. Man hat sein altes Leben zurückgelassen und alles ist, meist inklusive der Finanzarrangements, aufgelöst – eine gute Gelegenheit also, um seine finanziellen Angelegenheiten zu ordnen und dem neuen Umfeld anzupassen!

5.5 Umzug

In Neuseeland wird jede Seefracht, insbesondere Haushaltsgut und Fahrzeuge, auf Sauberkeit geprüft, damit keine naturschädlichen Bakterien eingeschleppt werden. Das Umzugsgut wird grundsätzlich in einem Quarantänelager aufbewahrt, bevor es ausgeliefert wird. Es empfiehlt sich, Schuhe, Gartengeräte, Fahrräder usw. vor dem Umzug zu reinigen. Es gibt verschiedene Umzugsmöglichkeiten:

Komplettumzug:
Diese Variante ist einfach und bequem, jedoch auch teuer (circa 5.000 bis 10.000 Euro). Die komplette Arbeit wird von der Spedition übernommen, die einen Tür-zu-Tür-Service liefert. Der Komplettumzug beinhaltet folgende Leistungen:

- Beratung
- Professionelle Transportverpackung
- Ein- und Auspacken des Hausrats
- Abholung durch geschultes Personal
- Verladung per See- oder Luftfracht

- Zollabwicklung
- Transportversicherung

Containerumzug:
Man bekommt einen Container zur Verfügung gestellt, in den man seine Möbel und Gegenstände selbst einlagert. Der Auftraggeber ist für das Ein- und Auspacken selbst verantwortlich.

Es gibt folgende Containerarten (L x B x H):

- 20-Fuß-Container: 5,9 m x 2,3 m x 2,3 m, Inhalt: 33 Kubikmeter
- 40-Fuß-Container: 12 m x 2,3 m x 2,3 m, Inhalt: 67 Kubikmeter
- 40-Fuß-High-Cube-Container: 12 m x 2,3 m x 2,7 m, Inhalt: 76 Kubikmeter
- 45-Fuß-High-Cube-Container: 13,5 m x 2,3 m x 2,7 m, Inhalt: 86 Kubikmeter

Neben den Transportkosten fallen noch zusätzliche Kosten für Frachtversicherung, Zollabwicklung und den Landtransport in Neuseeland an. Die Seefrachtdauer beträgt etwa sechs bis acht Wochen.

Kistenumzug:
Das ist eine kleinere Umzugsvariante, bei der man die Gegenstände selbst in Holz- oder Blechkisten packt. Wichtig ist hierbei, dass man die Kisten so verpackt, dass der Inhalt vor Seefeuchtigkeit geschützt wird. Die Kosten belaufen sich auf die Seefrachtgebühren, Kaiumschlag, Dokumentation, Landegebühren und Frachtversicherung. Bei lokalen Speditionen kann man sich zum Preis- und Leistungsvergleich Angebote einholen.

Zollvorschriften:
Die zollfreie Einfuhr als Umzugsgut ist unter folgenden Bedingungen möglich:

- Einreise mit *Residence Visa* oder *Work Visa* mit einer Laufzeit von mindestens 24 Monaten
- Es handelt sich um Haushaltsgegenstände in persönlichem Eigentum und für den persönlichen Gebrauch.

Nicht zollfrei eingeführt werden können:

- Gegenstände, die kurz vorher erworben wurden, um die Steuern im Herkunftsland zu umgehen
- Gegenstände für den kommerziellen Gebrauch (zum Beispiel Büro- oder Fabrikmaschinen)

Wer keinen *Residence Permit* oder langfristigen *Work Permit* vorweisen kann, darf sein Hab und Gut trotzdem nach Neuseeland einführen. Vorsicht: Viele Speditionsfirmen geben hier falsche Auskunft und behaupten, dies sei nicht zulässig! Es ist zulässig – allerdings muss dann Zoll gezahlt werden. In der Regel beschränkt sich das auf 12,5 Prozent Mehrwertsteuer (GST – *Goods and Services Tax*) auf den aktuellen Marktwert der Fracht (der meist dem Versicherungswert entspricht).

Auto:
Wer ein Auto nach Neuseeland einführen möchte, muss selber prüfen und nachweisen, dass die vorgegebenen Abgas- und Sicherheitsvoraussetzungen erfüllt werden. Die gesetzlichen Bestimmungen für den

Import von Fahrzeugen hängen von dem Fahrzeugtyp, dem Herstellungsdatum und dem Exportland ab. Außerdem gibt es weitere Bestimmungen zum Import von linksgesteuerten Fahrzeugen. Im Zweifel sollte man sich mit einem so genannten *entry certifier* (Einreisezertifizierer) in Verbindung setzen (*Vehicle Inspection New Zealand*).

www.vinz.co.nz

In schwierigen Fällen ist es auch möglich, sich direkt an die Herstellerfirmen zu wenden. Die Liste mit den entsprechenden Kontaktadressen kann man unter www.landtransport.govt.nz/importing/mia-list.html abrufen.

www.landtransport.govt.nz/importing/mia-list.html

Unter folgenden Bedingungen können Motorfahrzeuge zollfrei eingeführt werden:

- erstmalige Einreise mit *Residence Visa* oder *Work Visa* mit einer Laufzeit von mindestens 24 Monaten
- Das Fahrzeug war während der letzten zwölf Monate vor der Einreise im persönlichen Besitz der/des Einreisenden.
- Das Fahrzeug wird in den ersten zwei Jahren nach Einfuhr nicht verkauft, verschenkt oder anderweitig entsorgt und nur zu privaten Zwecken genutzt.

Wenn ein Fahrzeug nach Neuseeland importiert wurde, muss es eine Grenzkontrolle durchlaufen, zertifiziert, registriert und zugelassen werden. Dieser Prozess läuft folgendermaßen ab:

- Schritt 1: Das Fahrzeug durchläuft eine Quarantäne-Inspektion des Landwirtschafts-

ministeriums (*Ministry of Agriculture and Forestry* – MAF) am Kai und wird einer Grenzkontrolle unterzogen.
- Schritt 2: Das Fahrzeug erhält eine Identifikationsnummer und eine Einreisebestätigung.
- Schritt 3: Zertifizierungsprozess durch die neuseeländische *Land Transport Safety Authority*
- Schritt 4: Nachdem das Fahrzeug zertifiziert wurde, kann es registriert und für den Verkehr zugelassen werden.

www.ltsa.govt.nz

www.customs.govt.nz

Weitere Informationen zu Einfuhrbestimmungen sind unter folgenden Links erhältlich: *Land Transport Safety Authority*: www.ltsa.govt.nz und *New Zealand Customs*: www.customs.govt.nz.

Deklarationspflicht:
Neuseeland hat sehr strenge Quarantänevorschriften, um die einheimische Tier- und Pflanzenwelt vor Krankheiten zu schützen. Die Einfuhr folgender Gegenstände ist in Neuseeland deklarationspflichtig:

- Landwirtschaftsprodukte (Lebensmittel, Pflanzen und Pflanzenteile, Tiere und Tierprodukte)
- Ausrüstung, die in Kontakt mit Tieren war
- Campingausrüstung
- Golfausrüstung
- Fahrräder
- Erde

Es empfiehlt sich, die angabepflichtigen Gegenstände nahe des Zugangs zum Container zu lagern, damit eine einfache und schnelle Kontrolle bei der Einfuhr gewährleistet ist.

Hunde- und Katzeneinwanderung 5.6

Um einen Vierbeiner mit nach Neuseeland nehmen zu können, benötigt man einen *Permit to Import Live Animals* oder kurz *Import Permit*. Um diesen zu beantragen, muss man ein Antragsformular (*Application Form for a Permit to Import Dogs and Cats into New Zealand*) beim MAF (*Ministry of Agriculture and Forestry*) einreichen.

Quarantäne:
Bevor man den *Import Permit* vom MAF erhält, muss man nachweisen, dass man für sein Tier eine Unterkunft in einer anerkannten Quarantänestation organisiert hat. Für Hunde und Katzen gibt es folgende Quarantänestationen:

Qualified Pet Services Ltd (NORDINSEL)
150 Airfield Road, Takanini, RD 2, Papakura, Auckland
Tel./Fax: +64 9 299 95 39
E-Mail: services@qualifiedpet.co.nz
Die Homepage lautet: www.qualifiedpet.co.nz. www.qualifiedpet.co.nz
Besitzer ist Mr. Raymond Cheug. Hier können 36 Hunde und 32 Katzen untergebracht werden.

Shado-Lans Quarantine Facility (NORDINSEL)
773 State Higway One, RD 31, Levin
Tel.: +64 6 362 6184, Fax: +64 6 362 6185
E-Mail: shado-lans@xtra.co.nz
Die Homepage lautet: www.shado-lans.co.nz. www.shado-lans.co.nz
Die Einrichtung wird von Denise und John Clark geleitet und bietet für sechs Hunde und vier Katzen Platz.

Canterbury Quarantine Services Ltd (SÜDINSEL)
Highfield Road, Aylesbury, Christchurch
Postadresse: PO Box 23158, Templeton, Christchurch
Tel.: +64 3 3181279, Fax: +64 3 3181289
E-Mail: wumba@xtra.co.nz
www.canterburyquarantine.co.nz
Die Homepage lautet: www.canterburyquarantine.co.nz. Die Besitzer sind Lindsey und Chris Ward. Hier finden 30 Hunde und 15 Katzen Platz.

Für Hunde steht darüber hinaus die folgende Quarantänestation zur Verfügung:
Pethaven Quarantine Servives (NORDINSEL)
71a Homestaed Road , RD 1, Pokeno, Auckland
Tel.: +64 9 2336301
E-Mail: pethaven@xtra.co.nz
www.pethavenkennels.co.nz
Die Homepage lautet: www.pethavenkennels.co.nz. Besitzerin ist Mrs. Robyn van den Brink. Hier können bis zu zwölf Hunde untergebracht werden.

Für Katzen gibt es außerdem noch folgende Quarantänestation:
Pussy Cat Lodge (NORDINSEL)
29 Crowther Street, Avondale, Auckland
Tel.: +64 9 828 3410, Fax: +64 9 828 0455
Die Station ist für ingesamt 24 Katzen ausgelegt.

Vierbeiner müssen 31 Tage in Quarantäne bleiben, können jedoch während dieser Zeit besucht werden. Außerdem muss man mit einem *Veterinarian Treatment Approval Form* erklären, dass man gegebenenfalls mit einer Behandlung des Haustieres während der Quarantänezeit durch einen Tierarzt einverstanden ist und die dafür entstehenden Kosten trägt.

Kosten der Quarantäne:
Die Unterbringung der Vierbeiner ist nicht billig. Man muss mit 1.500 NZ$ bis 2.000 NZ$ rechnen.

Transport:
Das Tier muss in einem dem IATA-Standard entsprechenden Behälter transportiert werden. Es gibt eine spezielle Tiertransportfirma, die Pet Air GmbH. www.petair.de

Medizinische Tests:
Neuseeland hat sehr strenge Einfuhrbestimmungen für Haustiere. Es müssen folgende medizinischen Untersuchungen und Behandlungen vorgenommen werden, bevor das Tier ausgeführt werden kann:

Blutuntersuchung bezüglich Antikörper gegen Tollwut: Ganz wichtig ist hier die zeitliche Abstimmung, denn sechs Monate vor Verschiffungsdatum muss Blut von dem Tier entnommen und von einem staatlich anerkannten Labor (zum Beispiel vom Institut für Virologie in Gießen) ausgewertet werden. Die Laboruntersuchung muss ergeben, dass das Tier ausreichend Antikörper gegen Tollwut hat. Vor der Blutuntersuchung durch das Institut muss das Tier gegen Tollwut geimpft worden sein. Die Tollwutimpfung darf aber zum Zeitpunkt der Verschiffung nicht länger als ein Jahr zurückliegen.

Bestätigungsschreiben des Tierarztes:
Der Tierarzt muss bestätigen, dass er die Blutabnahme für obigen Labortest vorgenommen hat. (Das Datum der Blutentnahme muss mindestens sechs Monate vor dem Tag liegen, an dem die Quarantäne in Neuseeland beginnt.)

Das Ziel

Ankunft in Neuseeland 6

Selbst in der heutigen Zeit, wo Entfernungen immer kürzer zu werden scheinen, ist die Aus- beziehungsweise Einwanderung ein bedeutender neuer Lebensabschnitt, der – vergleichbar mit der Heirat – den Rest des Lebens bestimmen soll. Das ist ein Gefühl, dessen sich viele Neuseeländer bewusst sind. Wer nicht selber eingewandert ist, kennt in der Regel die Geschichten der Eltern oder Großeltern, die meist noch per Schiff nach monatelanger Seereise zum ersten Mal in Neuseeland ankamen.

Die meisten Kiwis heißen Neuankömmlinge daher willkommen. Eine Schweizer Bauernfamilie, die sich in Taranaki auf einer Farm angesiedelt hatte, erhielt von den Nachbarn ein paar Wochen nach der Ankunft fünf selbstgestrickte Pullover als Willkommensgeschenk – einen Pullover für jedes ihrer Kinder! Mit einem Kühlschrank wurde eine deutsche Familie in Wanganui bedacht, als die Nachbarn erfuhren, dass der Umzugscontainer Verspätung hatte.

Einwanderungsgeschichte 6.1

Neuseeland war schon immer ein Einwanderungsland. Selbst die Maori sind, streng genommen, Einwanderer von den polynesischen Inseln. Sie haben Neuseeland nachweislich erstmals vor etwa 800 Jahren besiedelt. Zuvor war Neuseeland eigentlich nur ein Inselparadies für Vögel, die sich zum Teil sogar das Fliegen abgewöhnt hatten, da sie hier vor Raubtieren sicher waren. Überwiegend geht man davon aus,

Seite 146:
Maori-Statue auf dem Versammlungshaus in Waitangi

dass Polynesier sogar schon vor 2.000 Jahren erstmals sowohl auf der Nord- als auch auf der Südinsel gelandet sind. Die polynesischen Entdecker Neuseelands haben sich zu der Zeit aber nicht auf den neuseeländischen Inseln etabliert – lediglich die Kiore, die polynesische Ratte, die bei der Gelegenheit »mitgereist« war, lebte sich sofort ein und ist auch heute noch weit verbreitet.

Buchtipp: ***Maori und Gesellschaft*** beschreibt die Geschichte und das Leben der Maori in der neuseeländischen Gesellschaft. MANA-Verlag 2007

Die ersten Europäer kamen im Dezember 1642. Allerdings war auch der erste Aufenthalt der Europäer nur sehr kurz, denn der Holländer Abel Tasman und seine Mannschaft kamen mit den Einheimischen nicht zurecht. Heute weiß man, dass kulturelle Missverständnisse dazu führten, dass vier Männer seiner Mannschaft von Maori getötet wurden. Die holländische Crew ergriff die Flucht und nannte die Bucht, die heute *Golden Bay* heißt und traumhafte Sandstrände hat, »Bucht der Mörder«.

Die einheimischen Maori hatten dann über 126 Jahre Ruhe, bis der Brite James Cook mit seiner Mannschaft von Wissenschaftlern und Seeleuten Neuseeland im Juli 1769 wiederentdeckte, erforschte und kartographierte. Auch diesmal gab es kulturelle Missverständnisse – und Tote –, aber man verständigte sich (unter anderem mit Hilfe eines Häuptlings aus Tahiti) mit den *locals* und fing an zu handeln und zu tauschen. In den nächsten 100 Jahren ließen sich auch einige wenige Abenteurer und Missionare in Neuseeland nieder. Man kann allerdings erst ab circa 1850 von einer nennenswerten Besiedlung durch Europäer reden.

Initiator und Organisator der systematischen Besiedlung von den Britischen Inseln aus war die *New*

Zealand Company, dessen Gründer Edward Gibbon Wakefield (nach dem hier in Neuseeland viele Straßen benannt sind) Unternehmer und Geschäftsmann war. Als Geschäftsmann wollte Wakefield natürlich Profite machen. Die wurden durch den Verkauf von Land generiert, das die *New Zealand Company* vorher von den Maori billig erworben hatte. Da es in Großbritannien zu der Zeit einen Überschuss an Kapital und guten Arbeitskräften gab, sprach er mit seiner Auswanderungskampagne gezielt Investoren und qualifizierte Arbeitskräfte an. Die Überfahrt für die ausgewählten Arbeiter war umsonst – finanziert durch die Profite des Landverkaufs.

Das war der Anfang der so genannten *assisted migration*, die in unterschiedlichen Formen bis 1975 überlebte. Nach dem Zweiten Weltkrieg gab es in Neuseeland – wie auch heute – Bedarf an Arbeitskräften. Zwischen 1947 und 1971 ließen sich über 76.000 Einwanderer aus Großbritannien in Neuseeland nieder. In den 1950er Jahren wurde die *assisted migration* auch auf andere europäische Länder ausgeweitet. Die meisten kontinentaleuropäischen Einwanderer kamen aus Holland (über 6.000 zwischen 1951 und 1963), aber auch Deutsche, Österreicher und Schweizer waren vertreten. Aus Deutschland kamen zwischen 1957 und 1969 250 Einwanderer, aus Österreich sogar mehr als 300 und aus der Schweiz über 200.

Seit 1987 gilt ein Einwanderungsrecht, das nicht mehr nach den verschiedenen Herkunftsländern differenziert (siehe dazu detaillierter Seite 27 ff.). Gleichgültig, ob man aus China, England oder Deutschland kommt, die Einwanderungsbedingungen sind dieselben. Lediglich Australier und Polynesier werden bevorzugt behandelt. Das nach allen Ländern offene Einwanderungsrecht hat dazu geführt, dass sich die Zusammensetzung der Einwanderer in den 1990er Jahren deutlich verändert hat. Neuseeland hat sich von einer bikulturellen Gesellschaft (Maori und Engländer) zu einer multikulturellen Gesellschaft entwickelt. Trotzdem bilden die Engländer immer noch die größte Gruppe der Einwanderer (rund 4.000 pro Jahr).

6.2 Wohin soll es gehen?

Neuseeland ist, verglichen mit den anderen klassischen Einwanderungsländern der Neuen Welt (USA, Kanada und Australien), klein und übersichtlich. Trotzdem stellt sich die Frage: Wo lässt man sich nieder? Wer Zeit und Musse hat, kann es machen wie die fünfköpfige Familie aus dem Fränkischen, die erst einmal mit ihrem eigenen Wohnmobil durch Neuseeland getourt ist, bevor sie sich nach ein paar Monaten in der Nähe von Christchurch niedergelassen hat. Das Haus wurde schnell renoviert und inzwischen haben sie ein noch besseres Grundstück gekauft, wo sich Geschäft und private Residenz besser verbinden lassen (beide Elternteile sind gelernte Steinmetze). Das ist nicht untypisch für Neuseeland: Hauskauf und -verkauf sind in der Regel so unkompliziert, dass man nicht gleich im ersten Haus bis ans Lebensende wohnen bleibt. Hier sind die gängigsten Entscheidungs-kriterien für die Standortbestimmung.

Beruf:
Insbesondere wenn man einen Job braucht, um den *Residence Permit* oder den *Work Permit* zu bekom-

men, lässt man sich in der Regel dort nieder, wo die Arbeit ist. Vorher stellt sich aber oft die Frage: Wo sucht man nach einem Job? Typischerweise glauben die meisten, dass man in den Metropolen, insbesondere in Auckland, die besten Chancen hat. Da gibt es die meisten Menschen und folglich auch die besten Möglichkeiten. Das Problem ist allerdings, dass alle so denken. Folglich gibt es in Auckland die meisten Einwanderer, weil jeder von den guten Möglichkeiten dort überzeugt ist. Das hat auch das Immigrationsbüro erkannt und vergibt deswegen Bonuspunkte für Arbeitsstellen außerhalb Aucklands.

In den großen Städten ist man einer von vielen und fällt als Neuankömmling kaum auf. Auffallen will man aber, schließlich sucht man eine Arbeit! Oft ist es daher einfacher, in einer Provinzstadt einen Job zu finden. Dort lernt man schnell Leute kennen, die meisten sind neugierig und wollen in der Regel auch helfen.

Klima:
Viele freuen sich auf das bessere Wetter in Neuseeland und siedeln sich dort an, wo ihnen das Klima am besten gefällt. Neuseeland hat fast alles zu bieten: von subtropisch warm im hohen Norden bis zum vergleichsweise kühlen Wetter im Süden der Südinsel. Die beste Übersicht über die verschiedenen Klimazonen findet man auf der Webpage von *NIWA Science*.

www.niwascience.co.nz/edu/resources/climate/overview

Das Klima wird nicht nur von der Nord-Süd-Lage bestimmt, sondern auch in großem Maße von der West-Ost-Lage. Grundsätzlich gilt, je weiter nördlich, desto wärmer, und je weiter westlich, desto mehr

Regen. Aufgrund der vielen Berge gibt es aber auch viele Mini-Klimazonen, die nicht in das grobe Raster passen.

Klimatisch beliebt sind – auch bei den Kiwis – der Norden der Südinsel um Nelson und Blenheim, die *Hawkes Bay*, *Bay of Plenty* und *Northland*.

Grundstückspreise:
Wie schon ganz zu Anfang bei der Frage »Macht Neuseeland Sinn für mich?« erläutert, ist der größte Faktor unter den Lebenshaltungskosten das Wohnen. Es ist daher sinnvoll, sich dort in Neuseeland niederzulassen, wo man sich ein Haus leisten kann. Die Grundstückspreise sind regional sehr unterschiedlich. In Invercargill, im Süden der Südinsel, zahlt man ungefähr 200.000 NZ$ für ein Haus, das in Auckland ungefähr 490.000 NZ$ kosten würde. Ein weiteres Argument also, in die Provinzstadt zu ziehen, anstatt in die Metropole. Eine aktuelle Übersicht über die Grundstückspreise in den verschiedenen Regionen findet man bei *Quotable Value* (QV).

www.qv.co.nz/onlinereports/propertyvaluemap.htm

Aber auch in den teuren Regionen finden sich in der Regel Stadtteile, wo die Immobilien erschwinglich sind. In Wellington zum Beispiel zahlt man für ein Haus in Eastbourne ungefähr 600.000 NZ$, in Wainuiomata dagegen nur 350.000 NZ$.

Wer es vermeiden kann, ein Darlehen für den Hauskauf aufzunehmen, der sollte das tun. Die Hypothekenzinsen sind in Neuseeland, verglichen mit Deutschland, sehr hoch. Die Zinshöhe schwankt über die Jahre – teilweise lagen sie sogar über zehn Prozent. Das sind bei einem Darlehen von 200.000 NZ$

schon 20.000 NZ$, die man nur für Zinsen zahlt – also »Miete« an die Bank, ohne das Darlehen abzuzahlen. Momentan (April 2009) sind die Zinsen zwar aufgrund der Finanzkrise auch in Neuseeland gesunken, trotzdem ist Neuseeland, verglichen mit dem Rest der »westlichen Welt«, ein Hochzinsland.

Traditionell sind die Hauspreise in Neuseeland stets gestiegen, teilweise mit Steigerungsraten von 40 Prozent und mehr pro Jahr. Damit ist nun seit über einem Jahr Schluss (Stand April 2009). Zum ersten Mal seit 2001 fallen die Hauspreise – ein günstiger Zeitpunkt für die Einwanderung und den Hauskauf also! (Vgl. dazu auch das Nachwort.)

Wellington zählt zu den beliebten (und teuren) Wohnorten in Neuseeland.

6.3 Autokauf

Das Auto ist meist die erste große Anschaffung nach der Ankunft in Neuseeland. Zu Recht: Denn ohne Auto ist man in den meisten Gegenden aufgeschmissen. Die Autoflotte hier in Neuseeland ist deutlich älter als in Deutschland. Nur die wenigsten kaufen sich einen Neuwagen. Viele gebrauchte Autos kommen aus Japan. Was dem Japaner zu alt ist, ist für den Neuseeländer gerade richtig. Gebrauchtwagen sind in Neuseeland generell günstiger als in Deutschland. Man sollte allerdings beachten, dass mehr oder weniger alle europäischen Autos als »Luxusautos« gelten und im Vergleich zu anderen Marken oft überdurchschnittlich teuer sind (jedenfalls als Gebrauchte).

Man kann das Auto privat, auf einer Auktion oder bei einem Händler kaufen. Es folgen einige neuseeländische Besonderheiten, Tipps und wichtige Begriffe im Zusammenhang mit dem Autokauf:

WOF (Warrant of Fitness):
Ein Check der Fahrtüchtigkeit von Autos, der alle sechs Monate durchgeführt werden muss und der bei fast allen Mechanikern schnell und günstig gemacht wird. Der WOF ist vergleichbar mit dem TÜV, nur nicht so streng, dafür aber öfter.

Registration:
Der Fahrzeughalter muss seinen Wagen registrieren lassen (bei der *Land Transport Authority*). Die *Land Transport Authority* (LTSA) ist eine staatliche Einrichtung, die vor allem für Sicherheit im Straßenverkehr zuständig ist.

www.ltsa.govt.nz

Japanese Import:
In Neuseeland werden große Mengen japanischer Gebrauchtwagen importiert. Die Gebrauchtwagen, die aus Japan stammen, sind so genannte *Japanese Imports* – also der BMW, der gebraucht aus Japan eingeführt wurde, wird damit zu einem *Japanese Import*. Die Überflutung des Marktes mit japanischen Gebrauchtwagen hat dazu geführt, dass die Gebrauchtwagenpreise hier vergleichsweise niedrig sind.

AA Test (AA = ADAC):
Ein Check für Autos, der potenziellen Käufern die Möglichkeit gibt, ihr Auto von einem Fachmann vor dem Kauf untersuchen zu lassen.

Road Code:
Dieser wird ebenfalls von der LTSA veröffentlicht und enthält die Straßenverkehrsregeln.

Bei Privatkäufen sollte man Folgendes beachten:

- Der Wagen sollte vom Vorbesitzer abbezahlt sein, da sonst eventuell Gläubiger des Vorbesitzers den Wagen pfänden können.
- Beim Kauf darf der WOF nicht älter als 30 Tage sein, was in der Verantwortung des Verkäufers liegt.
- Das Auto muss registriert sein.
- Ist der Wagen ein Japan-Import, sollte er im Vergleich zu neuseeländischen Erstzulassungen günstiger sein.
- In Neuseeland werden Wagen generell länger gefahren und es kommt vor, dass auch Autos

mit Kilometerleistungen von über 250.000 zum Kauf angeboten werden.
- Man benötigt ein »*change of ownership*«-Formular, das man zum Beispiel bei der Post bekommt. Dieses Formular muss der Käufer vom Verkäufer unterschreiben lassen und die Fahrzeugdaten müssen eingetragen werden. Schließlich muss es an die LTSA geschickt werden, wo der Wagen umgemeldet wird.

Wo findet man gebrauchte Privatwagen?

- Anzeigen in den Tageszeitungen
- Viele Autos fahren mit »*For Sale*«-Schildern umher oder stehen geparkt auf Seitenstreifen.
- Automärkte
- Kfz-Händler
- im Internet
- Auktion

www.autopoint.co.nz oder auch www.trademe.co.nz

Wie kann man ein gebrauchtes Auto auf einer Auktion kaufen?
Es gibt verschiedene Auktionstage, wie zum Beispiel Billigauktionen bis 6.000 NZ$ oder Auktionen für beschädigte Autos. Eines der größten Auktionshäuser in Neuseeland ist *Turners Auctions*. Mehr Informationen zu Auktionstagen und angebotenen Autos findet man auf deren Internetseite.

www.turners.co.nz

Auf einer Auktion muss man sich anmelden, um eine Nummer zu erhalten, mit der man später mitbieten kann. Vor der Auktion stehen die Autos zur Besichtigung und Probefahrt zur Verfügung. Wichtig ist auf jeden Fall, dass WOF und *Registration* des Wagens noch relativ neu sind.

Gängige Autos in Neuseeland:

- Groß: Holden Commodore oder Ford Falcon
- Großer Vierradantrieb: Toyota Hilux, Nissan Terrano
- Mittel: Subaru Legacy
- Klein: Toyota Corolla

Einen zuverlässigen Familien-Gebrauchtwagen kann man schon für etwa 10.000 NZ$ kaufen. Neuwagen kosten ab 20.000 NZ$, abhängig vom Hersteller.

Autotypen:

- *Convertible* = Cabrio
- *Hatchback* = Kleinwagen mit Heckklappe
- *Sedan* = Limousine
- *Station Wagon* = Kombi
- SUV (*sport utility vehicle*) = Geländewagen
- *Ute* (bitte »jut« aussprechen) = Pick-up, Kleintransporter
- *Van* = Kleinbus

Wichtige Abkürzungen und Begriffe:

- *Air con / Air conditioning* = Klimaanlage
- *Alarm (equipment)* = Alarmanlage
- *Alloy wheel* = Leichtmetallfelge
- *Central locking* = Zentralverriegelung
- *Neg.* = *negotiable* (Verhandlungssache)
- ONO = *or nearest offer*
- *Power steering* = Servolenkung
- *Power windows* = Fensterheber
- *Remote locking* = Zentralverriegelung mit Fernantrieb
- *Sunroof* = Schiebedach
- *Towbar* = Anhängerkupplung

6.4 Wohnen

Circa 70 Prozent aller Neuseeländer leben in ihrem eigenen Haus. Verglichen mit Deutschland, wo die Mehrheit mietet, ist das eine hohe Rate. Überspitzt formuliert kann man sagen: Was für den Deutschen das Auto, ist für den Kiwi das eigene Haus. Gespräche drehen sich oft um Hauspreise, Renovierungen, bauliche Veränderungen und Anbauten. Banken werben in allen Medien um Kunden für Hypotheken, jeden Mittwoch und am Wochenende sind die Tageszeitungen voll mit Immobilienanzeigen und Immobilienmakler gibt es an jeder Ecke.

Der Immobilienmarkt ist immer in Bewegung. Man sollte meinen, dass es bei der Anzahl der Immobilien, die zum Verkauf stehen, ein Überangebot an Häusern und Grundstücken gibt. Das ist aber nicht der Fall, sonst hätte es in den letzten Jahren nicht derartige Preissteigerungen gegeben. Für Kiwis sind Wohnhäuser nicht nur Eigenheime, sondern auch beliebte Investitionsobjekte. Es gibt Schätzungen, dass der Neuseeländer im Schnitt drei Häuser im Laufe seines Lebens besitzt. Kein Wunder also, dass so viele Häuser auf dem Markt sind!

Mietobjekte gibt es natürlich auch, allerdings nicht so viele wie Kaufobjekte. Die Qualität der Mietobjekte wird von deutschen Einwanderern oft bemängelt. Hochwertige Miethäuser sind teuer und in manchen Gegenden gibt es nur Miethäuser von geringem Standard. Die gesamte Einstellung zum Thema Mieten ist anders als in Deutschland. Mieterschutz (oder gar Preisbindung), wie man es aus Deutschland kennt, gibt es hier in der Form nicht. Als Mieter ist es hier völlig unüblich, irgendwelche Veränderungen oder Verschönerungen vorzunehmen – das überlässt man dem Vermieter. Doch der hat oft kein großes Interesse daran, das Haus zu streichen, da er ja nicht darin wohnt.

Die meisten Einwanderer verhalten sich daher wie die Kiwis und kaufen oder bauen sich ein Haus, zumindest, wenn man es sich leisten kann. Am Anfang ist es aber sinnvoll, sich eine vorübergehende Bleibe zu mieten. Das gibt einem erst einmal Zeit, sich mit dem örtlichen Immobilienmarkt vertraut zu machen, bevor man sein eigenes Haus kauft.

Ein eigenes Haus bedeutet aber auch ein Stück Zuhause im fremden Land. Viele kaufen sich daher ein Haus, noch bevor das Einwanderungsverfahren abgeschlossen ist. So auch der Anwalt aus Stuttgart, der während des laufenden Einwanderungsverfahrens mehrere Male nach Neuseeland geflogen war, um das richtige Haus für sich und seine Frau zu finden. So konnte das Ehepaar direkt vom gemieteten Haus in Deutschland in ihr neues eigenes Zuhause nach Napier ziehen.

Mieten 6.4.1

Mietobjekte findet man in den Tageszeitungen (meist in den Mittwochs- und Samstagsausgaben) annonciert. Es lohnt sich aber auch, bei den lokalen *real estate agents* (Immobilienmakler) vorbeizuschauen, denn die haben oft auch Mietobjekte im Angebot. Außerdem gibt es spezielle *letting agencies*, die sich auf Mietobjekte spezialisiert haben. Allerdings sind solche Agenturen schwerer zu finden als Makler. Am besten sucht man in den *Yellow Pages* (Gelben Seiten) unter »*accommodation – rental*«.

Bei erfolgreicher Vermittlung berechnen die *real estate agents* den Mietern eine Vermittlungsgebühr in Höhe einer Wochenmiete. Die *letting agencies* berechnen oft eine Gebühr für die gelisteten Mietobjekte, unabhängig vom Vermittlungserfolg.

Bevor der Mietvertrag (*tenancy agreement*) unterschrieben wird, verlangt der Vermieter (*landlord*) in der Regel eine Kaution (*bond*) in Höhe von vier Wochenmieten. Außerdem werden meist zwei Wochenmieten im Voraus verlangt. Es ist üblich, die Miete wöchentlich zu berechnen und zu bezahlen.

6.4.2 Kaufen

Kaufobjekte zu finden ist einfach. Schon von Deutschland aus kann man sich problemlos über das Internet informieren. Auf der Webseite des *Real Estate Institute of New Zealand* findet man über 50.000 Immobilien, die in Neuseeland angeboten werden. Eindrucksvoll ist auch die Seite www.open2view.com, wo man virtuell Häuser besichtigen kann.

www.realenz.co.nz

Vor Ort findet man schnell die Büros der lokalen Immobilienmakler mit bunten Verkaufsangeboten im Schaufenster. Dieselben Annoncen findet man auch in den gängigen Tageszeitungen (Mittwochs- und Samstagsausgabe). Die Immobilienmakler haben den Markt zu über 90 Prozent unter sich aufgeteilt. Nur ganz wenige Immobilien werden privat annonciert und verkauft.

Die Kosten für den Immobilienmakler trägt allein der Verkäufer (etwa 2,5 bis 4 Prozent des Verkaufspreises plus Anzeigenkosten). Da die Makler ihre Provision nur im Erfolgsfalle bekommen, bemühen sie sich redlich um interessierte Käufer. Neuankömmlinge aus Übersee werden von jedem Makler heiß umworben. Dadurch entsteht leicht der Eindruck, dass der Makler für den Käufer tätig ist, weil er ihm ständig neue Häuser zeigt und regelmäßig in Kontakt zu bleiben versucht. Die wahre Verbindlichkeit besteht aber gegenüber dem Verkäufer, der ihn ja schließlich bezahlt.

Es gibt drei verschiedene Arten, wie eine Immobilie zum Verkauf angeboten wird:

Sale by Negotiation 6.4.2.1

Verkauf durch Vertragsverhandlung: Das ist die simpelste und für den Käufer die beste Variante. Meist gibt es einen *asking price*, eine Preisvorstellung vom Verkäufer. Man muss den *asking price* als Käufer nicht akzeptieren, sondern macht in der Regel ein Angebot (*offer*) auf einem Standard-Vertragsformular, dem *Agreement for Sale and Purchase of Real Estate*. Der Verkäufer kann das Angebot annehmen, indem er den Vertrag gegenzeichnet, oder ein Gegenangebot machen.

Man kann das Formular selber (meist mit Hilfe und im Beisein des *Real Estate Agent*) ausfüllen und damit ein verbindliches Angebot zum Kauf einer Immobilie abgeben. Es ist problemlos, allerdings sollte man einen Anwalt (*solicitor*) zu Rate ziehen, wenn es um die Formulierung des Angebotes geht und um die Abwicklung des Kaufes. Der ganze Kaufprozess nennt sich *conveyancing* und die meisten Anwälte helfen dabei. Die Kosten für die anwaltliche Unterstützung beim *conveyancing* halten sich in Grenzen, zumindest verglichen mit den Notarkosten in Deutschland. Mit 1.000 NZ$ ist aus anwaltlicher Sicht oft schon alles erledigt.

Man kann sein Angebot von Bedingungen abhängig machen oder ein *unconditional offer* (Angebot ohne Bedingungen) abgeben. Zum Beispiel könnte man das Angebot vom Erhalt des *Residence Permit* abhängig machen oder von einem zufriedenstellenden *valuation report* (einer Marktwertbegutachtung).

Ratsam ist aber, möglichst ein Angebot ohne Bedingungen (*unconditional offer*) zu machen. Das ist für den Verkäufer am attraktivsten, denn er weiß, dass er mit der Unterschrift einen verbindlichen Kaufvertrag gesichert hat. Das ist oft mehr Wert als ein höherer Kaufpreis eines anderen Kaufinteressenten, der unter Umständen von der Bedingung abhängig gemacht wurde, dass er sein eigenes Haus vorher verkauft oder dass er von der Bank die Finanzierung bekommt. Oft springen Käufer aufgrund nicht erfüllter Bedingungen wieder ab – und das weiß der Verkäufer.

Wer ein Haus gefunden hat, das ihm gefällt, kann im Vorfeld – vor Abgabe eines Kaufangebotes (*offer*) – zu seiner eigenen Beruhigung ein unabhängiges Wertgutachten (*valuation report*) organisieren. Wertgutachter (*valuer*) gibt es, ähnlich wie Makler, an jeder

Ecke. Die Kosten sind ebenfalls erschwinglich (circa 500 bis 1.000 NZ$).

Wenn der Verkäufer das Angebot angenommen und den Vertrag gegengezeichnet hat, ist eine Anzahlung (*deposit*) in Höhe von fünf oder zehn Prozent des Kaufpreises fällig. Der Anzahlungsbetrag wird üblicherweise auf ein Konto des Maklers überwiesen, der dann seine Provision davon abzieht.

Einer der wesentlichen Punkte, die im Vertrag vereinbart werden, ist der *settlement day*, der Tag der Vertragserfüllung (Zahlung und Schlüsselübergabe). Bis zum *settlement day* müssen alle Bedingungen (*conditions*) erfüllt werden, also zum Beispiel Finanzierung (*finance*), Wertgutachten (*valuation report*) oder der *Residence Permit*.

Auktion 6.4.2.2

Die Versteigerung (*auction*) ist ein spannender Kaufvorgang – nicht jedermanns Sache, insbesondere, wenn man der Sprache nicht ganz mächtig ist und wenn man nicht schon einige Versteigerungen miterlebt hat, um sich mit dem Vorgang vertraut zu machen. Besonders attraktive Immobilien, wo großes Interesse erwartet wird, werden oft auf Auktionen versteigert.

Wer ernsthaftes Interesse an einem Haus hat, das zur Versteigerung steht, muss gut vorbereitet sein. Die Auktion erlaubt keine bedingten Angebote (*conditions*), so dass man im Vorfeld seine Finanzen geklärt haben und sich über den Preis im Klaren sein sollte, den man bereit ist zu bezahlen. Man sollte eventuell vor dem Verkaufstag ein Wertgutachten einholen.

Wer mitbieten will, kann auch erwägen, die Immobilie schon vor dem Auktionstag zu erwerben. Das ist in der Regel möglich und der Verkäufer kann sich entscheiden, ein Angebot im Wege des normalen »*sale by negotiation*«-Vorgangs anzunehmen.

Üblicherweise wird der Verkäufer vor der Auktion einen Minimalpreis (*reserve*) festlegen, unter dem er nicht verkaufen will. Die meisten Verkäufer wollen die *reserve* nicht gegenüber den Kaufinteressenten offenlegen, so dass diese nur dem Auktionator bekannt ist. Allerdings weiß man, dass die *reserve* überschritten ist, wenn der Auktionator im Laufe der Auktion ankündigt: »this property is now on the market« oder »we are definitely selling today« (oder vergleichbare Redewendungen).

Wenn die *reserve* nicht erreicht wird, darf das Grundstück nicht im Rahmen der Auktion verkauft werden. Allerdings steht das Grundstück natürlich noch zum Verkauf. Nicht selten fangen daher die eigentlichen Verhandlungen nach der Auktion an. Es lohnt sich also, dem zuständigen Makler weiter sein Interesse zu signalisieren!

Das Auktionsverfahren ist gesetzlich nur sehr vage geregelt. Das lässt dem Auktionator einen großen gestalterischen Spielraum, der auch oft genutzt wird – teilweise jedoch im Grenzbereich des vertretbaren. Gesetzlich zulässig ist, dass der Auktionator so genannte *vendor bids*, also Gebote des Verkäufers macht, um die Auktion in Gang zu bringen, denn oft will keiner das erste Gebot machen. Diese *vendor bids* sollten unterhalb der *reserve* liegen – also wirklich nur das Verfahren anstoßen.

Manchmal werden *vendor bids* (ohne dass man es merkt) aber auch gezielt dazu genutzt, den Preis in die Höhe zu treiben. Dessen sollte man sich bewusst sein, wenn man auch wenig gegen diese Phantom-Käufer unternehmen kann.

Wer das höchste Gebot abgibt, muss sofort eine Anzahlung leisten, in der Regel in Höhe von zehn Prozent des Kaufpreises.

Tender 6.4.2.3

Ein *tender* ist eine schriftliche Versteigerung – eine Ausschreibung. Es ist eine beliebte Methode, die von den Maklern oft angewandt wird, wenn sie mit großem Interesse rechnen. Man unterscheidet zwischen einem *closed tender* und einem *open tender*. *Closed tender* haben im Gegensatz zu den *open tender* einen festen Termin, zu dem Angebote abgegeben werden müssen. *Tenders* machen es dem Käufer nicht einfach. Anders als bei der Auktion weiß man nicht, was die Mitbieter bieten. Man muss also sein bestes Angebot abgeben, um sicherzugehen, dass man vom Verkäufer berücksichtigt wird.

Ähnlich wie bei der Auktion sind die Verfahrensregeln undurchsichtig und lassen dem Verkäufer und dem Makler einen großen Gestaltungsspielraum. Es ist empfehlenswert, sich vom Makler das *tender document* geben zu lassen und gemeinsam mit einem Anwalt (*solicitor*) die Verfahrensregeln durchzugehen und das Angebot zu formulieren. Das Angebot kann Bedingungen (*conditions*) enthalten, es gilt aber, wie beim *sale by negotiation*, dass ein *unconditional offer* für den Verkäufer natürlich attraktiver ist.

In einem sauberen *tender*-Verfahren werden die verschiedenen Angebote in einem verschlossenen Umschlag am *tender date* vom Verkäufer berücksichtigt. Das beste Angebot (nicht immer der höchste Preis) erhält den Zuschlag – das Grundstück ist verkauft. Oft läuft es aber auch anders ab: Manchmal werden nach Öffnung der Umschläge die verschiedenen Bieter nochmals kontaktiert und es wird vom Makler Druck auf die bietenden Parteien ausgeübt, das Angebot erneut zu erhöhen. Auch werden Immobilien schon vor dem *tender date* verkauft.

6.4.2.4 Der Preis

In allen drei Verfahren ist die große Frage für den Käufer: Wie viel ist das Haus wert?; und damit verbunden: Wie viel ist man bereit, für das Haus zu zahlen? Oben wurde schon der *valuation report* durch einen unabhängigen Wertgutachter angesprochen. Der Gutachter (*valuer*) macht eine Aussage über den aktuellen Marktwert eines Hauses.

Neben dem Marktwert gibt es aber auch den staatlich festgelegten Wert, der die Grundlage für die Berechnung der Gemeindesteuern (*Rates*) bildet. Jeder Grundbesitzer muss in Neuseeland *Rates* bezahlen, wovon die Gemeinde sich finanziert. Je höher der festgelegte Grundstückswert, desto höher die *Rates*. Die *Rates* sind von Gemeinde zu Gemeinde unterschiedlich. Der offizielle Grundstückswert wird von der staatlichen Organisation *Quotable Value Limited* festgelegt. Früher hieß dieser Wert *Government Value* oder abgekürzt GV. Die richtige Bezeichnung ist heute aber *Capital Value* oder CV. In der Umgangssprache hält sich aber noch der Begriff *Government Value*.

Der *Capital Value* (CV) von jedem Haus wird mindestens alle drei Jahre von *Quotable Value Limited* überprüft und gegebenenfalls neu festgesetzt. Der CV ist ein guter Anhaltspunkt für den Käufer, denn er orientiert sich auch am Marktwert. Bei der Festlegung des CV werden insbesondere die tatsächlichen Verkaufspreise in der jeweiligen Gegend berücksichtigt. Die tatsächlichen Verkaufspreise ähnlicher Häuser in der Nachbarschaft sind die wichtigsten Anhaltspunkte für die Bewertung einer Immobilie in Neuseeland. Nur selten allerdings inspizieren die Gutachter von *Quotable Value Limited* das Haus selber, so dass ein unabhängiger Wertgutachter (*registered valuer*), der sich das Haus und Grundstück genau anschaut, in der Regel zu zuverlässigeren Werten gelangt. Aber selbst für den *registered valuer* sind die Verkaufspreise aus der Nachbarschaft die wichtigsten Indikatoren. Auf der Webseite www.qv.co.nz bietet *Quotable Value Limited* einige nützliche Serviceleistungen an. So kann man sich zum Beispiel online über die Verkaufspreise der Häuser in der Nachbarschaft informieren.

Welchen Preis man letztendlich für das Haus bietet, ist allerdings weder mit dem *Capital Value* noch mit dem vom *registered valuer* geschätzten Marktwert beantwortet. Es kommt häufig vor, dass Häuser deutlich über oder unter dem *Capital Value* verkauft werden. Der Marktwert vom *valuer* ist da in der Regel genauer – aber auch das sind natürlich nur Schätzungen. Am Ende ist es eine ganz persönliche Entscheidung, wie viel man bereit ist, für das Haus zu zahlen.

Wer das Traumhaus (oder Traumhäuschen) nicht kaufen konnte, kann sich trösten: Neuseeland ist ein völlig anderer Markt als Deutschland. Das einzigartige Haus, in das man sich verliebt hatte, taucht – in einer anderen Form – oft nach ein paar Wochen an einer anderen Stelle wieder auf. Das Angebot ist groß und es werden ständig neue Häuser verkauft, man muss also nichts überstürzen.

Ein Haus in Whakarewarewa – direkt am brodelnden See – ist nicht für jeden erschwinglich...

Christchurch: Die wohl englischste Stadt Neuseelands gilt asl Metropole der Südinsel

»Typisch Neuseeland«: grüne Marlborough Sounds...

... aber auch die kahle Vulkanlandschaft am Mount Tongariro

Milford: der berühmte Sound mit einem seiner beeindruckenden Wasserfälle

Züchtung Borderdale: typisches Neuseeland-Lamm

Weg in die Wairarapa-Region: der Pass über die Rimutaka Ranges

Schwefelbach auf dem Mt. Tongariro

Natur pur: hier ein Kaka-Buschpapagei – zu sehen auf Kapiti Island

Ein See in der Haast-Region

Ein *Boulder* bei Moeraki

Blick auf einen Canyon bei Queenstown

Für immer Neuseeland 7

Auto und Unterkunft sind organisiert. Jetzt geht es darum, sich einzuleben. Wie gut man sich in Neuseeland einlebt und wie wohl man sich hier fühlt, lässt sich erst nach einem längeren Zeitraum (meist erst nach ein paar Jahren) sagen. Ob man von seiner neuen Heimat enttäuscht wird oder ob sich alle Hoffnungen und Erwartungen erfüllen, hängt meist davon ab, welche Erwartungen man bei der Auswanderung hatte. Wer genau weiß, was ihn erwartet, wird selten enttäuscht.

Beruf und Geschäft 7.1

Für die meisten steht der Beruf, beziehungsweise das Geschäftliche, im Vordergrund. Schließlich verbringt man die meiste Zeit bei der Arbeit. Ohne Berechnung von Überstunden sind das in Neuseeland meist 40 Stunden in der Woche. Ein wichtiges Motiv, Deutschland zu verlassen, ist der Stress im Beruf. Man hat im Urlaub Neuseeländer kennen gelernt und bewundert ihre gelassene Art.

Ein Beispiel aus der Praxis

Ein ehemaliger Prokurist von Brügelmann (Fahrradvertrieb) in der Nähe von Frankfurt hatte sich zunächst in einen kleinen Betrieb in Levin eingekauft, der Dreiräder für Behinderte herstellt. Sein erster Kommentar nach ein paar Wochen war: »So viel, wie ich hier in einer Woche gelacht habe, habe ich bei Brügelmann im ganzen Jahr nicht gelacht.« Allerdings kam der Spaß nicht billig, denn sein Einkommen hatte sich um mehr als die Hälfte auf ein durchschnittliches neuseeländisches Gehalt reduziert. Inzwischen hat er sein Geschäft verkauft und eine neue Karriere als Finanzberater begonnen. Nebenbei hat er auch mehrere Häuser gebaut und verkauft, sich also wie ein echter Kiwi verhalten (siehe dazu auch das Porträt auf S. 240 ff.).

7.1.1 Einkommen

Selten ist der erste Job in Neuseeland der Traumjob. In der Regel fängt man auf der Karriereleiter wieder ganz unten an, was sich auch beim Einkommen zeigt. Oft dauert es ein paar Jahre, bis man sein Potential in Neuseeland erreicht hat, also da ankommen ist, wo man in Deutschland aufgehört hat.

Es ist schwer zu definieren, wie hoch das durchschnittliche Einkommen in Neuseeland ist, da dies von zu vielen Variablen abhängt. Laut einem Report von *Statistics New Zealand* liegt der Medianwert (Halbwert oder Zentralwert) des Stundenlohns bei etwas über 20 NZ$ pro Stunde (brutto), was einem Monatsgehalt von circa 3.500 NZ$ entspricht. Der Medianwert ist sinnvoller als der Durchschnittswert, da Extremeinkommen (wie zum Beispiel, wenn jemand 1.000 NZ$ pro Stunde verdient) nicht so zu Buche schlagen.

Hier ist eine Aufstellung durchschnittlicher Jahresgehälter, differenziert nach Berufsgruppen:

Berufsgruppe	Durchschnittliches Brutto-Jahresgehalt in NZ$
Manager	64.000
Fachkräfte	60.000
Facharbeiter	48.000
Einfache Angestellte	39.000
Verkäufer	31.000
Landarbeiter	36.000
Handwerker	41.000
Industriearbeiter	37.000
Einfache Arbeiter	31.000

Die Zahlen stammen ebenfalls von *Statistics New Zealand* (dem hiesigen Bundesamt für Statistik). Sinn machen die Zahlen allerdings nur, wenn man sie im neuseeländischen Kontext sieht. Ein direkter Vergleich mit deutschen Einkommen ist schon deswegen nicht sinnvoll, da in Neuseeland vom Bruttolohn nur ein kleiner Betrag für die hiesige Unfallversicherung (ACC – *Accident Compensation Corporation*) und die Steuer abgezogen werden. Ein weiterer Abzug für eine zusätzliche Altersrente (*Kiwi Saver*) ist freiwillig.

Irgendwie gibt man hier sein Geld anders aus, was auch wieder eine Auswirkung auf den tatsächlichen Wert des Einkommens hat. Zwei Dinge werden die meisten Einwanderer aus Deutschland bestätigen: Man gibt weniger für das Auto und den Urlaub aus!

7.1.2 Jobsuche

Aber wie kommt man an den ersten Job, den die meisten auch für den erfolgreichen Abschluss des Einwanderungsverfahrens brauchen? Die wohl beste Möglichkeit, in Neuseeland eine Arbeitsstelle zu bekommen, sind persönliche Kontakte. Es wird geschätzt, dass rund 70 Prozent der Stellen nicht ausgeschrieben, sondern über Kontakte besetzt werden. Im Kapitel »Einwanderungsstrategien« (Kapitel 4) wurden schon einige Möglichkeiten und Aspekte der Jobsuche angesprochen. Im Wesentlichen gibt es die folgenden Möglichkeiten:

7.1.2.1 Personalbeschaffungs-Agenturen

Größere Firmen engagieren in der Regel *Recruitment Companies* (Personalbeschaffungsagenturen), die das komplette Bewerbungsverfahren, inklusive der ersten Interviews, übernehmen. Kleinere Betriebe, die für Einwanderer aber auch sehr interessant sind, leisten sich allerdings nur selten eine teure *Recruitment*-Firma. Die *Recruitment*-Firma wird vom Arbeitgeber bei erfolgreicher Vermittlung mit einer Provision vom Jahresgehalt des Arbeitnehmers bezahlt.

Es liegt im Interesse der *Recruitment*-Firmen, möglichst viele Arbeitssuchende auf ihrer Liste zu haben, um bei Anfragen von Kunden (Arbeitgebern) möglichst schnell reagieren zu können. Dieses Interesse wird von manchen unerfahrenen Einwanderern leicht falsch verstanden. Tatsache ist, dass man ohne Arbeitserlaubnis in Neuseeland über die *Recruitment*-

Firmen nur selten Arbeit findet. Zu ungewiss ist der Ausgang und die Dauer der diversen Antragsverfahren – schließlich steht die eigene Provision auf dem Spiel!

Trotzdem lohnt es sich, mit den Vermittlern in Kontakt zu treten. Man lernt dabei eine Menge über die Bedürfnisse des neuseeländischen Arbeitsmarktes – und es kostet nichts!

Anzeigen in Zeitungen 7.1.2.2

Es gibt vier große Tageszeitungen in Neuseeland: *The New Zealand Herald* (Auckland), *The Dominion Post* (Wellington), *The Press* (Christchurch) und die *Otago Daily Times* (Dunedin). Es sind alles regionale Zeitungen. Eine überregionale Zeitung gibt es nicht – auch wenn *The New Zealand Herald* sich manchmal als solche versteht. Darüber hinaus gibt es noch etliche kleine regionale Zeitungen.

Stellenanzeigen findet man üblicherweise in der jeweiligen Mittwochs- und Samstagsausgabe. Sowohl die *Recruitment*-Firmen als auch die Arbeitgeber selber annoncieren. Es lohnt sich immer, zum Telefon zu greifen und mit dem Arbeitgeber (oder der *Recruitment*-Firma) zu reden – nur den Lebenslauf einzureichen, führt selten zum Erfolg.

Anzeigen im Internet 7.1.2.3

Das Internet hat stark zur Globalisierung des Arbeitsmarktes beigetragen. In Neuseeland ist das Internet weit verbreitet und dementsprechend wird es immer mehr auch zur Suche von Arbeitskräften genutzt. Die Tatsache, dass man die Stellenanzeige sowohl in Usbekistan, in Deutschland als auch in Neuseeland sehen kann, bedeutet jedoch nicht, dass der Arbeitgeber auch Arbeitskräfte aus aller Welt akzeptiert. Schon die vielen Anfragen aus aller Welt können dem Arbeitgeber oder der *Recruitment*-Firma lästig sein, so dass viele Anzeigen schon ausdrücklich darauf hinweisen, dass man nur Bewerber mit einer Arbeitserlaubnis für Neuseeland berücksichtigt. Unklar ist im jeweiligen Fall, ob diese Beschränkung nur der Abwehr von Anfragen dient oder ob man tatsächlich die Suche nur auf Neuseeland beschränken will.

Hier sind die wichtigsten Webseiten:

Allgemein:

www.seek.co.nz

- *Seek* ist eine der ersten und größten Online-Agenturen.

www.trademe.co.nz/Trade-me-jobs/index.htm

- *TradeMe* ist eigentlich das Pendant zu Ebay. Es werden aber immer mehr Jobs auf der *TradeMe*-Seite annociert.

www.jobs.nz.hudson.com

- *Hudson* ist eine weltweit operierende Personalbeschaffungsagentur.

www.job.co.nz

- www.job.co.nz – eine Webseite, die seit 1997 besteht. Auf dieser Seite werden weitere Links zu *Recruitment*-Firmen oder anderen Suchmaschinen angeboten.

www.germantrade.co.nz/german/job_vacancies.htm

- Die AHK (Außenhandelskammer) oder *New Zealand German Business Association* ist häufig die erste Anlaufstelle für viele Deutsche, kann aber nur selten bei der Jobsuche helfen. Einige Jobs sind aber auf der Webseite gelistet.

Bauwirtschaft, Handwerker und Ingenieure:

- *Tradestaff* ist eine neuseeländische Arbeitsvermittlungsagentur für die Bereiche Handwerk und Ingenieurwesen. www.tradestaff.co.nz
- *Fulton Hogan* ist eine große neuseeländische Baufirma, die ihre eigene Online-Jobseite hat. www.fhcareers.co.nz
- *autojobs* ist eine Jobvermittlungsseite, die sich insbesondere auf den Auto- und Schiffs- Sektor spezialisiert. www.autojobs.co.nz
- CRS ist eine Arbeitsvermittlungsagentur speziell für Ingenieure, Techniker und zum Teil auch Handwerker. www.crsrecruit.co.nz
- *Engineering Taranaki Consortium* ist ein Konsortium verschiedener Arbeitgeber und Organisationen in der Taranaki-Gegend (New Plymouth) mit Spezialisierung auf die Bereiche Handwerk und Ingenieurwesen. www.et-con.com

IT/Computer:

- *Sabre* spezialisiert sich auf IT-Jobs, hauptsächlich in Wellington und Auckland. www.sabrenz.co.nz
- *jobuniverse* ist eine Internetseite, die verschiedene *Recruitment*-Firmen vertritt und sich ebenfalls auf den IT-Bereich spezialisiert. www.jobuniverse.co.nz
- *Electronics South* ist ein *Cluster* (ein Zusammenschluss von Firmen) im Elektronik-Bereich in der Canterbury-Region (Christchurch und Umgebung). www.electronicssouth.com/index.cfm/Jobs

Gastronomie und Tourismus:

- *tourism.net* ist eine Internetseite mit Tourismus-, Reise- und Urlaubsinformationen inklusive Jobangeboten im Bereich Tourismus und Gaststättengewerbe. www.tourism.net.nz/business/tourism-travel-and-hospitality-jobs/

7.1.2.4 Beziehungen und persönliche Kontakte

Wie eingangs erwähnt, sind Beziehungen und Kontakte eine vielversprechende Möglichkeit, in Neuseeland einen Job zu finden. Aber wie knüpft man solche Kontakte? Von Deutschland aus ist das nicht einfach. Viele Einwanderer sind deshalb schon vorher oft in Neuseeland gewesen und haben hier Leute kennen gelernt. Über diese Beziehungen gelingt es manchmal auch Kontakte zu Arbeitgebern zu knüpfen. Wer Neuseeland langfristig (bis zu maximal zwölf Monate) mit einem *Visitor Permit* besucht, hat auch Zeit und Gelegenheit, wertvolle Beziehungen aufzubauen. Das führt oft eher zum Erfolg, als »kopflos« quer durchs Land von einem *Job Interview* zum anderen zu fahren! Manchmal kann auch der Einwanderungsberater mit eigenen Beziehungen helfen oder sogar die eigenen Geschäftsbeziehungen nach Neuseeland.

7.1.3 Geschäft

Viele Einwanderer machen sich in Neuseeland selbstständig. Zum Teil bietet die Selbstständigkeit ja auch Möglichkeiten im Einwanderungsverfahren (*Long Term Business Visa* und *Entrepreneur Category*). Aber auch die, die zunächst über eine feste Anstellung nach Neuseeland gekommen sind, wollen oft irgendwann ihr eigener Boss sein – wegen der besseren Verdienstmöglichkeiten und der größeren Unabhängigkeit.

Neuseeland ist ein Land der Unternehmer oder, wie man hier sagt, der Entrepreneure. Fast jeder träumt davon, sich irgendwann einmal mit einer guten Geschäftsidee selbstständig zu machen. Selbstständigkeit ist auch Ausdruck des neuseeländischen Lifestyles: Man ist gerne sein eigener Chef. Aus bürokratischer Sicht steht dem nicht viel im Weg. So kann eine *Limited Liability Company* (Ltd.) – die neuseeländische GmbH – binnen Wochenfrist gegründet werden. Es gibt kein Mindeststammkapital. Die Gründungskosten belaufen sich auf einen Bruchteil der in Deutschland dafür anfallenden Kosten. Auch die buchhalterische Verwaltung ist überschaubarer und in einigen Fällen eignet sich die neuseeländische Ltd. sogar als Steuersparmodell für ausländische Unternehmer.

Es gibt keine Gewerbeordnung oder Handwerksordnung, die das freie Wirtschaften erschweren oder doch zumindest komplizieren, und auch eine Zwangsmitgliedschaft in der Handelskammer ist dem Neuseeländer völlig unbekannt.

Aber trotzdem ist das Geschäftemachen in Neuseeland nicht unbedingt einfacher. Einerseits werden neue Geschäfte und Geschäftsideen meist mit mehr Neugierde als Skepsis begrüßt, andererseits aber ist der neuseeländische Markt sehr *competitive*, ein Adjektiv, das sich bezeichnenderweise nicht leicht ins Deutsche übersetzen lässt. Der Markt ist hier fast in jeder Branche heiß umkämpft und man muss sich schon etwas Besonderes einfallen lassen, wenn man sich nicht ausschließlich über den Preis von der Konkurrenz abgrenzen will.

Das bedarf eines wahren Entrepreneurs – also eines Unternehmers, der bereit ist, Risiken einzugehen. So sind zum Beispiel die geschäftlichen Gepflogenheiten andere und es fehlen anfangs meist die Kontakte. Daher ist es in der Regel ratsam, sich in Neuseeland zunächst einzuleben und – wenn möglich – erst einmal als Angestellter zu arbeiten. Oder man sucht sich einen Geschäftspartner, der hier schon Erfahrungen gemacht hat – das spart unter Umständen viel Geld und Nerven.

An Geschäftsideen fehlt es einem wahren Entrepreneur natürlich nie! Als Einwanderer und Neuseeland-Neuling offenbaren sich einem viele Lücken. Viele Dinge, die man in Europa an jeder Ecke kaufen kann, gibt es hier nicht oder sie sind nur sehr schwer oder teuer erhältlich.

Am Beispiel der Häuser, die hier ganz anders gebaut sind als in Deutschland, lässt sich das gut veranschaulichen. Nicht selten zieht es durch die geschlossenen Fenster, dicke Vorhänge dienen als Wärmeisolierung und die elektrische Heizung, die sich für deutsche Ohren eher wie ein Fön anhört, wärmt gerade einmal die davor platzierten Füße. Die Dusche, die ungefähr in Brusthöhe tröpfelt, ist zum Shampooausspülen nicht geeignet – es sei denn, man wählt die Kaltwasser-Option. Die Hände kann man sich nur unter zwei getrennten Hähnen waschen, wo man sich links verbrennt und einem rechts die Finger abfrieren. Ein Paradies für Unternehmer mit guten Geschäftsideen, oder?

Neuseeland hat sich seit den 1990er Jahren stark verändert, nicht zuletzt durch den Einfluss der vielen Einwanderer aus dem europäischen und asiatischen Ausland. Noch vor 20 Jahren gab es nur Toastbrot zu kaufen. Und auch bei Wurst- und Käsesorten war die Auswahl klein. So gab es gerade einmal zwei verschiedene Käsesorten von Cheddar: *tasty* und *mild*. Mittlerweile kann man, zumindest in den großen Städten, alles kaufen – von der thailändischen, italienischen, französischen bis zur deutschen Küche. Das ist jedoch kein Beleg dafür, dass man in Neuseeland die vermeintlich besseren europäischen Produkte auch tatsächlich verkaufen kann. Wo liegen die Probleme? Wer den neuseeländischen Markt erobern will, braucht entweder viel Geduld oder viel Geld, oder anders formuliert, eine sehr gute Handelsspanne. Das hat verschiedene Gründe:

Distributionskosten:
Das bevölkerungsarme Land erstreckt sich über zwei Inseln, die flächenmäßig der Größe der alten Bundesrepublik gleichen: Etwas über vier Millionen Menschen leben auf einer Fläche, auf der eigentlich 60 Millionen Platz hätten. Die Distribution ist also ein nicht zu vernachlässigender Kostenfaktor.

Währungsschwankungen:
Währungsschwankungen können leicht die Handelsspanne auffressen.

Kleiner Markt:
Aufgrund der geringen Bevölkerung sind Produkte, die in anderen Ländern Massenwaren sind, eher Nischenprodukte. Das erfordert eine andere Kostenkalkulation.

Preis:
In vielen Bereichen, wie zum Beispiel im Bau, lassen sich qualitativ hochwertige Produkte nur schwer verkaufen. Das liegt daran, dass in Ländern wie Deutschland die rechtlichen und technischen Mindestanforde-

rungen an Bauprodukte sehr hoch sind, was zu hohen Entwicklungskosten führt. Für den neuseeländischen Markt sind die Produkte dann viel zu teuer.

Protektion:
Aber auch wenn der Preis stimmt, treffen viele auf protektionistische Barrieren. Es handelt sich dabei nicht um Zoll, denn der ist für die meisten Produkte abgeschafft. Der Neuling mit dem neuen Produkt wird von der Konkurrenz einfach abgeschottet.

Einige Beispiele aus der Praxis

Der schon zuvor erwähnte Brügelmann-Prokurist aus der Frankfurter Gegend wollte sich anfangs an einem Fahrradeinzelhandel in Wanganui beteiligen. Der Vertrag war schon so gut wie unterschrieben, als die Geschäftspartnerschaft plötzlich platzte. Zuerst war nicht ersichtlich, warum. Doch Monate später stellte sich heraus, dass der Importeur und Großhändler davon erfahren und dem Einzelhändler in Wanganui zu verstehen gegeben hatte, dass er kein Interesse an dem Neuling und Kenner der Branche aus Deutschland habe.

Trotz der geschilderten Hindernisse gibt es natürlich auch Erfolgsgeschichten. Die diversen deutschen Bäcker und Metzger, die sich hier etabliert haben, sind gute Beispiele – die meisten sind kleine Einzelunternehmer, die es im Alleingang geschafft haben. Es gibt aber auch diejenigen, die sich mit Hilfe von neuseeländischen Geschäftspartnern etabliert haben, wie zum Beispiel der Metzger und Fischzüchter aus dem Badischen, der auf einer seiner Urlaubsreisen einen Wursthersteller in Wellington als Geschäftspartner gewinnen konnte. Er konnte seine eigene deutsche Wurst herstellen und hatte gleichzeitig Zugang zu etablierten Vertriebskanälen. Das hat ihm viel Zeit und Geld gespart, denn nur ein gutes Produkt ist noch nicht der Schlüssel zum geschäftlichen Erfolg – es muss auch eine entsprechende Nachfrage geben. Das ist eine alte und simple Erkenntnis, die aber für Einwanderer aus Deutschland, wo der Markt anders funktioniert, oft nicht gleich verständlich ist.

Privat 7.2

Die offenen, freundlichen und gelassenen Kiwis werden immer wieder als Grund genannt, warum man gerade nach Neuseeland auswandert. Die Erwartungen sind demnach hoch gesteckt und es stimmt ja auch: Kiwis sind kontaktfreudig und man findet schnell Anschluss. Trotzdem stellt sich bei manchen auch Heimweh ein, Sehnsucht nach alten Freunden und der Familie. Auch wenn man schnell Anschluss findet, sind die neuen Kontakte selten Ersatz für die langjährigen Freunde und die Familie in der alten Heimat.

Kinder 7.2.1

Eltern sorgen sich bei der Auswanderung oft sehr um ihre Kinder. In der Regel ist das völlig unbegründet, denn meistens leben sich die Kleinen schneller ein als die Großen.

Der Besuch des Kindergartens ist freiwillig und wird für Kinder bis fünf Jahre angeboten. Die *early childhood education* umfasst jede Art von vorschulischer Erziehung. In Neuseeland gibt es Institutionen wie *kindys* (*kindergartens*), *play centres*, *childhood centres* und *community playgroups*.

Das neuseeländische Schulsystem ist vergleichbar mit dem britischen System. Die Besonderheit ist hier, dass Kinder in der Regel an ihrem fünften Geburtstag in die *Primary School* (Grundschule) eingeschult werden. Sie wechseln dann mit 12, 13 Jahren auf die *Secondary School.*

Zwar hat auch das neuseeländische Schulsystem 13 Schuljahre, bietet aber deutlich mehr Flexibilität. Vom 11. bis 13. Schuljahr können so genannte *Credits* gesammelt werden. Diese Punkte werden durch Kurse und Klausuren erworben. Sobald ein bestimmter Punktestand erreicht ist, erhält der Schüler die Hochschul-Zugangsberechtigung, das heißt, abhängig von »seinen« individuellen Fähigkeiten bekommt er das »Abitur« nach 11, 12 oder 13 Schuljahren. Je nach Wunsch und Leistungsstand können die Jugendlichen die Schule auch früher verlassen – und je nach Anzahl der *Credits* eine Ausbildung machen oder die so genannte *Polytech* besuchen.

Der Unterricht in den Grund- und Sekundarschulen beginnt in der Regel um 8.30 oder 9 Uhr und endet um 15 Uhr (Grundschulen) beziehungsweise um 15.30 oder 16 Uhr (Sekundarschulen).

Es gibt sowohl staatliche als auch private Schulen. Man kann auch zwischen gemischten und nach Geschlechtern getrennten Schulen auswählen. Private Schulen erhalten nur begrenzte staatliche Unterstützung und sind fast völlig abhängig von den Einkünften aus ihren Schulgebühren. Es gibt keine Standardgebühren. Jede Schule legt ihre eigene Gebührenskala fest.

Kindergeld:
In Neuseeland gibt es so genannte *Family Tax Credits*, die mit dem deutschen Kindergeld vergleichbar sind. Das Kindergeld wird vom *Inland Revenue Department* (IRD), dem hiesigen Finanzamt, in aller Regel wöchentlich gezahlt. Zahlungen werden für Kinder, die unter 18 Jahre alt und finanziell von den Eltern abhängig sind, geleistet.

Voraussetzung ist, dass man einen *Residence Permit* hat und mindestens zwölf Monate ununterbrochen in Neuseeland gewohnt hat. Um einen vollen Anspruch auf das Kindergeld zu haben, müssen alleinerziehende Eltern mindestens 20 Stunden und Paare mindestens 30 Stunden pro Woche arbeiten. Alle Kinder müssen eine IRD-Nummer (Steuernummer) haben, die separat zu beantragen ist.

Ein Ehepaar, zum Beispiel mit einem Jahreseinkommen von 50.000 NZ$ und zwei Kindern im Alter von sieben und neun Jahren, hätte einen Anspruch auf wöchentlich 155 NZ$. Eine alleinerziehende Mutter mit drei Kindern und einem Jahreseinkommen von 35.000 NZ$ hätte Anspruch auf 266 NZ$ pro Woche.

Versicherungen 7.2.2

Wer aus Deutschland einwandert, erkundigt sich oft gleich am Anfang nach Versicherungen in Neuseeland. Das ist für Neuseeländer häufig überraschend, denn hier kommen viele auch ohne Versicherungen aus. Es gibt keine Versicherungspflicht, weder im Gesundheitsbereich noch als Autobesitzer. Wer sich, wie die meisten deutschen Einwanderer, trotzdem versichern möchte, kann das hier sehr viel günstiger tun als in Deutschland.

Hier sind die wichtigsten Informationen und Tipps in Sachen Versicherungen.

7.2.2.1 ACC

Accident Compensation Corporation ist eine Besonderheit Neuseelands. Am einfachsten kann man ACC als eine Art Unfallversicherung beschreiben, die vom Staat finanziert wird und folgende Personenschäden abdeckt:

- Personenschäden verursacht durch einen Unfall im beruflichen oder privaten Bereich sowie im Verkehr
- Personenschäden, die von Krankheiten oder Infektionen herrühren, welche durch die Ausübung des Berufes verursacht wurden
- Personenschäden, die durch Behandlungsfehler verursacht wurden
- Personenschäden, die Folge sexuellen Missbrauchs sind

ACC-Leistungen sind unabhängig davon, ob man den Unfall selber verursacht hat oder ob der Unfall Schuld eines Dritten ist. Man ist in Neuseeland daher grundsätzlich nicht haftbar für durch Unfälle verursachte Personenschäden. Dies gilt sowohl für alle Staatsbürger und Einwohner Neuseelands als auch für Besucher. Zu beachten ist allerdings, dass ACC ausschließlich auf Unfälle beschränkt ist und nicht »normale Krankheitsfälle« abdeckt. Abgedeckt sind außerdem nur Behandlungen in Neuseeland, nicht die im Ausland. Weitere Informationen sind auf der Homepage nachzulesen. www.acc.co.nz

Autoversicherung 7.2.2.2

Da alle Personenschäden von ACC abgedeckt sind, gibt es keine Pflichtversicherung für Autobesitzer. Das führt natürlich zu preisgünstigeren Policen, denn die Versicherung braucht nur die Haftung für Sachschäden zu übernehmen. Gegen Sachschäden kann man sich mit verschiedenen Arten von Policen versichern, die sich je nach Versicherungsumfang definieren:

Third Party Property Damage:
Die so genannte *Third-Party*-Versicherung deckt alle Sachschäden Dritter ab. Für eigene Sachschäden muss man selber aufkommen. Diese Art der Versicherung ist die billigste Variante und vergleichbar mit der Teilkasko Versicherung. Die genaue Höhe hängt von folgenden Faktoren ab:

- Alter des Fahrers
- schadensfreie Jahre
- Wohnort (bei einigen Versicherungen)
- Kauf-/Marktwert des Wagens
- Einbau einer Alarmanlage
- Ausschluss von Fahrern, die jünger als 25 sind

Die meisten Versicherungen sind bereit, schadensfreie Jahre aus Deutschland anzurechnen, wenn eine entsprechende Bestätigung von der deutschen Versicherung vorgelegt werden kann. So kann man unter Umständen bis zu fünf Jahre *claims free bonus* nach Neuseeland »übertragen« und gegebenenfalls Kosten sparen.

Third Party, Fire and Theft:
Diese Versicherung deckt über Drittschäden hinaus auch Feuerschäden und Diebstahl des eigenen Autos ab.

Comprehensive:
Diese Versicherungsart ist der deutschen Vollkasko-Versicherung sehr ähnlich. Folgendes ist durch die Versicherung abgedeckt:

- Verlust des eigenen Autos
- Schäden am eigenen Auto
- Schäden an Autos / Besitz von Dritten
- Abschleppkosten von der Unfallstelle

In der Regel sind umfangreiche andere Leistungen inbegriffen oder können für einen Aufpreis eingeschlossen werden. Diese sind von Versicherer zu Versicherer unterschiedlich. Dies sind zum Beispiel:

- Mietwagen bei Unfall
- Unterkunftskosten
- Windschutzscheiben-Versicherung

Hausversicherung 7.2.2.3

Wer ein Haus besitzt, sollte es auf jeden Fall versichern. Hier ist ein Überblick über die verschiedenen Policen:

Total replacement:
Die meisten Versicherungen bieten Policen mit komplettem Ersatz des Hauses (*total replacement*) an. Wird das Haus zerstört, bezahlt die Versicherungsgesellschaft den Wiederaufbau (auch den Architekten und Räumungsarbeiten).

Fixed sum insured (replacement):
Mit einer *fixed-sum*-Police versichert man das Haus auf Höhe einer vereinbarten Summe. In einigen Fällen mögen die Kosten des Wiederaufbaus höher sein als die Versicherungssumme. Die Differenz muss dann aus eigener Tasche bezahlt werden.

Indemnity policies (present day value):
Der *indemnity value* ist der Wert des Hauses zum Zeitpunkt des Verlustes beziehungsweise der Zerstörung. Es ist ein grober Marktwert des Hauses, ohne den Grundstückswert mit einzubeziehen. Der Nachteil dieser Police ist, dass der ausbezahlte Betrag oft nicht ausreicht, um das Haus wiederaufzubauen. Diese Art von Police bietet sich an, falls sich das Haus in einem schlechten Zustand befindet oder kein Wiederaufbau geplant ist.

Contents Insurance:
Hausratversicherungen ersetzen zerstörte oder gestohlene Gegenstände, die zur Hausausstattung gehören, wie zum Beispiel Haushaltsgeräte, Teppiche, Möbel und Vorhänge. Man kann Policen abschließen, die Ge-

genstände ersetzen (*replacement insurance*). Das heißt, man bekommt in der Regel keine Barauszahlung, falls der Fernseher gestohlen wird, sondern ein Ersatzgerät. Es gibt eine Höchstsumme für Schadensersatzforderungen, die in der Police als *sum insured* vermerkt ist.

7.2.2.4 Krankenversicherung und Gesundheitssystem

Das Gesundheitswesen finanziert sich überwiegend aus allgemeinen Steuereinnahmen des Staates. Jeder neuseeländische Einwohner und jeder Einwanderer mit einem Arbeitsvisum, das zwei Jahre oder länger gültig ist, kann die staatliche Krankenversorgung in Anspruch nehmen, die jedoch nicht alles abdeckt.

Nur essentielle Leistungen werden vom öffentlichen Gesundheitssystem getragen. Für Routinebesuche bei Ärzten und Zahnärzten muss der Patient zwar privat bezahlen, teurere Leistungen wie zum Beispiel Krankenhausaufenthalte werden (bis auf wenige Ausnahmen) aber von der öffentlichen Versicherung getragen. Das Ganze gilt automatisch – kein Antrag oder Formular ist erforderlich!

Ausländer mit einer Arbeitserlaubnis unter einer Laufzeit von zwei Jahren, Besucher oder Studenten sind durch die staatliche Krankenversorgung nicht abgedeckt.

In Neuseeland gilt das so genannte »Hausarzt-Prinzip«. Jeder Patient geht zunächst zu einem praktischen Arzt (*General Practitioner*) in seiner Umgebung. Von diesem wird er bei Bedarf an einen Spezialisten oder ein Krankenhaus überwiesen. Wer einen *General Practitioner* (GP) aufsucht, muss für die Kosten selbst aufkommen, es sei denn, er ist diesbezüglich privat versichert. Die Kosten halten sich allerdings in Grenzen, da sie vom Staat subventioniert werden. Ein Besuch beim GP kostet bis zu 65 NZ$ (für Kinder weniger), je nachdem wo man lebt. Die Kosten sind außerdem von GP zu GP unterschiedlich.

Die öffentlich finanzierten Gesundheitsleistungen umfassen unter anderem:

- kostenlose Behandlung in öffentlichen Krankenhäusern
- kostenlose Behandlung in der 24-Stunden-Unfall- und Notaufnahme in öffentlichen Krankenhäusern
- Zuschüsse für verschreibungspflichtige Medikamente
- Zuschüsse für Besuche bei Hausärzten/Allgemeinmedizinern (GPs – *General Practitioners*) von Familienmitgliedern
- Zuschüsse für Behandlungen durch Physiotherapeuten, Chiropraktiker und Osteopathen, bei Überweisung vom GP
- kostenlose oder bezuschusste Behandlung von akuten oder chronischen medizinischen Beschwerden
- Übernahme von Laborkosten und Kosten für Röntgenuntersuchungen, außer bei privaten Kliniken
- kostenlose Gesundheitsvorsorge während Schwangerschaft und Geburt, außer wenn eine Versorgung durch den Privatsektor erfolgt
- kostenlose verschreibungspflichtige Medikamente für alle öffentlichen Krankenhauspatienten

- Zuschüsse für Arztbesuche und Rezepte bei Kindern unter sechs Jahren
- kostenlose Mammographien für Frauen im Alter zwischen 45 und 69 Jahren

Das neuseeländische Gesundheitssystem ist allerdings zum Teil stark überlastet, weshalb es bei nicht lebensbedrohenden Krankheiten die so genannten »Wartelisten« gibt. Wartezeiten von mehreren Jahren, zum Beispiel bei Hüftoperationen, sind keine Seltenheit. Sogar bei der Behandlung gewisser Krebserkrankungen kann es zu Wartezeiten kommen.

Private Krankenversicherung:
Trotz umfassender staatlicher Leistungen bietet es sich an, eine zusätzliche Privatversicherung abzuschließen, um eine schnellere Behandlung von nicht dringenden Erkrankungen zu gewährleisten. Aufgrund der Probleme mit der staatlichen Versorgung sind mittlerweile über eine Million Neuseeländer privatversichert.

Private Krankenversicherungen verschaffen den Versicherten auch Zugang zu privaten Krankenhäusern und umgehen die oben erwähnten Wartelisten des staatlichen Systems. Weitere Leistungen der Privatversicherungen sind (je nach vereinbarter Versicherungspolice):

- Behandlung im Ausland, falls die Behandlung in Neuseeland nicht möglich sein sollte oder Verzögerungen zu erwarten sind
- Reise- und Unterkunftskosten für Begleitpersonen, falls das Krankenhaus zu weit vom Wohnort entfernt ist

- Nachbehandlung wie zum Beispiel Physiotherapie
- Tagesgeld, falls die Behandlung nur im staatlichen Krankenhaus möglich ist

Die so genannten *Hospital-* oder *Hospital/Specialist-*Policen haben sich als die populärste Variante erwiesen. Diese Policen beschränken sich auf Krankenhaus- und Facharztbehandlungen, während man für den Besuch beim Hausarzt selbst aufkommen muss. Manche Versicherer bieten auch *comprehensive policies* an, die zusätzlich den Besuch beim Hausarzt, Optiker und Zahnarzt übernehmen.

Die Krankenversicherungen sind, wie auch Lebensversicherungen, altersgestaffelt, das heißt, sie werden mit zunehmendem Alter (und höherem Risiko) teurer. In der Regel sind neuseeländische Krankenversicherungen aber wesentlich billiger, als man das aus Deutschland kennt!

Lebensversicherungen 7.2.2.5

In Neuseeland sind folgende Policen beliebt:

- Risiko-Lebensversicherung: einmalige Zahlung einer bestimmten Summe im Todesfall
- Trauma-Versicherung: Bei dieser in Deutschland ziemlich unbekannten Versicherungsart erfolgt die Zahlung einer bestimmten Summe bei Auftreten eines bestimmten Krankheitsbildes, wie zum Beispiel Krebs- und Herzerkrankungen.
- Einkommensversicherung: Das Gehalt wird im Falle der Berufsunfähigkeit weitergezahlt.

Die Lebens- und Trauma-Versicherung können Einwanderer bereits mit einem einjährigen *Work Permit* abschließen. Die Einkommensversicherung ist dagegen erst mit einem *Residence Permit* möglich.

7.2.3 Lebenshaltungskosten

Abgesehen vom Wohnen sind die Lebenshaltungskosten in Neuseeland recht günstig und liegen meist unter denen in Deutschland. Zu beachten sind allerdings auch regionale Unterschiede. Grundsätzlich ist es in Großstädten etwas teurer als in ländlichen Regionen (*rural areas*).

7.2.3.1 Wohnen

Wohnen ist, gemessen am durchschnittlichen Einkommen in Neuseeland, teuer. Wer es sich leisten kann, vom Startkapital ein Haus zu kaufen, braucht kein überdurchschnittliches Gehalt, um hier leben zu können. Wie ja schon im Kapitel 6.2 »Wohin soll es gehen?« angesprochen, ist der Hauspreis unter Um-

Napier, die Stadt des Art Deco…

ständen entscheidend, wenn es um den neuen Heimatort geht.

Die drei wichtigsten Kriterien, die den Wert eines Hauses oder Grundstücks bestimmen, sind: *location, location, location*. Dieses Klischee kennt hier jeder – ein Zeichen für die herausragende Bedeutung der Grundstückslage. Der Hauspreis wird in Neuseeland in erster Linie von der Lage bestimmt. Hier ist eine Übersicht der mittleren Hauspreise (in NZ$) der letzten drei Jahre:

Region	2006	2007	2008
Northland	275.000	310.000	284.000
Auckland	385.000	430.000	427.000
Waikato/ Bay of Plenty	280.000	310.000	333.000
Hawkes Bay	255.000	272.000	270.000
Manawatu/ Wanganui	190.000	221.000	225.000
Taranaki	249.000	265.000	265.000
Wellington	305.000	370.500	375.800
Nelson/ Marlborough	290.000	310.000	351.750
Canterbury/ Westland	267.125	297.000	320.000
Central Otago Lakes	445.000	440.750	515.000
Otago	210.000	230.000	231.500
Southland	125.000	165.000	201.000
New Zealand	295.000	335.000	337.500

Quelle: REINZ (*Real Estate Institute of New Zealand*)

Innerhalb der einzelnen Regionen gibt es auch wieder die ganze Spannbreite, je nach Lage. Je mehr der folgenden Kriterien ein Haus oder Grundstück bieten kann, desto teurer ist es:

- Nähe zur Stadtmitte
- Meeresblick
- Nähe zu guten Schulen
- Nähe zu Einkaufszentren
- Nähe zum Strand

Aus der Tabelle ist ersichtlich, dass die Hauspreise in den meisten Regionen im Jahre 2008 gesunken sind. In den Jahren davor waren die Hauspreise in Neuseeland derart stark angestiegen, dass Hauseigentum für viele Neuseeländer unerschwinglich geworden ist. Wenn man der herrschenden Meinung diverser Wirtschaftsprognosen glaubt, wird der Abwärtstrend noch weiter anhalten und sich auch auf die Regionen ausweiten, die bis jetzt noch Steigerungsraten aufweisen. Dies, kombiniert mit dem historisch ebenfalls sehr niedrigen NZ-Dollar, führt dazu, dass momentan (Stand April 2009) aus europäischer Sicht ein günstiger Zeitpunkt ist, um Hauseigentum in Neuseeland zu erwerben.

Hier finden Sie Graphiken der Entwicklung des NZ-Dollars gegenüber dem Euro der letzten zehn Jahre: www.elynchfx.com/charts/EUR/NZD

Auch die Höhe der Miete hängt von der Lage ab. Je nach Lage und Region muss man mit 250 bis 500 NZ$ pro Woche (Mieten werden in Neuseeland immer wöchentlich berechnet) für ein *Three Bedroom House* (ein Haus mit drei Schlafzimmern) rechnen. Über die drei Schlafzimmer hinaus gibt es meist noch ein bis zwei weitere Zimmer, wie zum Beispiel Wohnzimmer und Büro oder Wohnzimmer und Esszimmer. Eine vierköpfige Familie kommt gut in einem solchen Haus unter. Der mittlere Mietwert lag im Mai 2007 bei 300 NZ$ für ein *Three Bedroom House* in Neuseeland.

Auto 7.2.3.2

Neupreise unterscheiden sich kaum von denen in Deutschland – lediglich japanische Autos sind im Vergleich zu Deutschland etwas billiger, da es im Gegensatz zu Europa in Neuseeland keine Einfuhrzölle gibt. Gebrauchtwagen sind auch etwas günstiger als in Deutschland. Der Preis der KFZ-Versicherung und die Benzinpreise liegen im Vergleich wesentlich unter den deutschen. Eine Autoversicherung kostet zwischen 150 und 500 NZ$ im Jahr, je nach Größe des Autos und Versicherungsumfang. Benzin ist circa um die Hälfte billiger als in Deutschland.

Essen 7.2.3.3

Eine pauschale Aussage lässt sich hier schwer treffen. Manche Lebensmittel sind teurer, andere billiger. Außerdem gibt es regionale Unterschiede. Man kann kalkulieren, dass man in Neuseeland genauso viel Geld wie in Deutschland für Lebensmittel ausgibt. Restaurantpreise sind allerdings günstiger als in Deutschland. Besonders schonend für die Haushaltskasse sind die so genannten BYO-Restaurants (BYO steht für *»bring your own«*) – dort kann man seinen eigenen Alkohol (Bier oder Wein) mitbringen und spart so eine Menge Geld.

Steuern 7.2.4

Das neuseeländische Steuerrecht ist im Vergleich zu Deutschland recht übersichtlich. Das Finanzamt, das sich hier *Inland Revenue Department* oder IRD nennt, ist auch weniger streng als in Deutschland. Steuerprüfungen gibt es hier natürlich auch, sie sind aber eher die Ausnahme. Wer in Neuseeland arbeitet oder steuerpflichtig ist, sollte beim zuständigen Finanzamt eine Steuernummer (*IRD Number*) beantragen.

7.2.4.1 Einkommenssteuer

Wer in Neuseeland ansässig ist – also seinen Steuerwohnsitz hat –, muss auf sein Welteinkommen *Income Tax* (Einkommenssteuer) zahlen. Wie in Deutschland sind die Arbeitgeber verpflichtet, die Einkommenssteuer direkt vom Lohn abzuziehen und an das Finanzamt abzuführen. Die Steuersätze sind wie folgt gestaffelt (Stand April 2009):

Steuerpflichtiges Einkommen	Steuersatz
bis zu 14.000 NZ$	12,5 %
von 14.001 bis einschließlich 48.000 NZ$	21 %
von 48.001 bis einschließlich 70.000 NZ$	33 %
über 70.000 NZ$	38 %

Diese Staffelung der Steuersätze wird oft dahingehend missverstanden, dass zum Beispiel Einkommen über 70.000 NZ$ komplett mit 39 Prozent besteuert werden. Das ist jedoch nicht der Fall. Lediglich der Anteil des Gesamteinkommens, der über 70.000 NZ$ liegt, wird mit dem Höchststeuersatz veranlagt. Der Anteil des Gehalts unter 70.000 NZ$ wird mit 12,5 Prozent für die ersten 14.000 NZ$ besteuert und mit 21 Prozent für den Gehaltsanteil zwischen 14.001 und 40.000 NZ$ und so weiter.

Die seit November 2008 regierende *National Party* hat für die nächsten drei Jahre Steuerkürzungen angekündigt. Im April 2009 sind die ersten Kürzungen in Kraft getreten. Für die Jahre 2010 und 2011 sind weitere Kürzungen angekündigt. Insbesondere werden mittlere und höhere Einkommen von den reduzierten Steuersätzen profitieren.

Banken und andere größere Finanzinstitutionen führen die für Zinserträge anfallende Einkommenssteuer ebenfalls direkt an das Finanzamt ab. Sobald man in Neuseeland steuerpflichtig ist – also normalerweise mit Erhalt des *Residence Permit* oder *Work Permit* –, sollte man seiner Bank seine Steuernummer (*IRD Number*) mitteilen. Wer das versäumt, dem wird automatisch der Höchststeuersatz vom Zinsertrag abgezogen.

Erwähnenswert ist in diesem Zusammenhang auch die so genannte *Approved Issuer Levy* – eine Abgabe, die für noch nicht in Neuseeland Steuerpflichtige in Betracht kommt. Statt zwischen 12,5 und 38 Prozent Steuern auf Zinserträge zu zahlen, braucht man als Steuerausländer nur eine zweiprozentige Abgabe zu zahlen. Das wird allerdings nicht automatisch gemacht, sondern muss der Bank ausdrücklich mitgeteilt werden – sonst wird der Höchststeuersatz veranlagt.

Mehrwertsteuer 7.2.4.2

Die *Goods and Services Tax* (GST) ist eine indirekte Steuer, die der Mehrwertsteuer entspricht und von Geschäften und Dienstleistern einbehalten und an das Finanzamt abgeführt wird. Die GST beträgt 12,5 Prozent und wird auf nahezu alle Güter und Dienstleistungen erhoben.

7.2.4.3 Rates

Grundstücke werden lokal von den Gemeinden (*City Councils*) besteuert. Die Höhe der *Rates* richtet sich nach dem Wert des Objektes und ist lokal unterschiedlich. Typischerweise liegen die *Rates* für Immobilien zwischen 1.000 und 5.000 NZ$ pro Jahr (das sind nur Anhaltspunkte).

7.2.4.4 Company Tax

Ab dem Finanzjahr 2009, das für die meisten Unternehmen im April beginnt, beträgt die Unternehmenssteuer 30 Prozent (reduziert von 33 Prozent). Die *Company Tax* ist nicht gestaffelt wie die Einkommenssteuer, sondern es gilt ein pauschaler Steuersatz. Als Unternehmen braucht man auch eine Steuernummer (*IRD Number*), die beim *Inland Revenue Department* zu beantragen ist.

7.2.4.5 Doppelbesteuerungsabkommen

Zwischen Deutschland und Neuseeland gibt es ein Doppelbesteuerungsabkommen. Ziel dieses Abkommens ist es, zu vermeiden, dass der Steuerzahler doppelt, einmal in Deutschland und ein weiteres Mal in Neuseeland, besteuert wird. Das Grundprinzip ist einfach: Man zahlt seine Steuern, wo man seinen Lebensmittelpunkt hat. Theoretisch (selten) ist es auch möglich, sowohl in Deutschland als auch in Neuseeland seinen Lebensmittelpunkt zu haben – dann greifen Sonderregeln des Doppelbesteuerungsabkommens.

Wer mit einem *Residence Visa* in der Tasche und der Absicht, nach Neuseeland zu ziehen, herkommt, hat in der Regel mit der Ankunft im Land auch gleichzeitig seinen Steuerwohnsitz nach Neuseeland verlegt. Das heißt, er ist nun (in der Regel) nur noch in Neuseeland steuerpflichtig.

Steuerbefreiung für Einwanderer 7.2.4.6

Wie oben angesprochen sind Einwanderer im Normalfall mit der Einreise nach Neuseeland hinsichtlich ihres gesamten Welteinkommens in Neuseeland steuerpflichtig. Um einen zusätzlichen Anreiz für eine Einwanderung nach Neuseeland (und eine Rückwanderung der Neuseeländer, die im Ausland leben) zu gewähren, wurde im Jahre 2006 eine Sonderregelung eingeführt, die für eine Übergangszeit von vier Jahren für Einwanderer und Neuseeländer, die seit zehn Jahren nicht mehr in Neuseeland gelebt haben, gilt.

Unter folgendem Link sind die genauen Einkommensarten aufgelistet, die von der Sonderregelung erfasst sind: www.ird.govt.nz/yoursituation-ind/earning-income/temp-tax-empt-foreign-inc.html

In den ersten vier Jahren ab Annahme des Steuerwohnsitzes in Neuseeland, also in der Regel ab Einreise, entfällt die Steuerpflicht auf Einkommen, das im Ausland generiert wurde. Im Wesentlichen handelt es sich um folgende Einkommensarten:

- Investmentfonds
- Mieteinnahmen

- Dividenden
- Zinserträge
- Tantiemen und Lizenzgebühren
- Gehaltszahlungen aufgrund von Arbeitsleistungen, die vor der Einwanderung erfolgt sind, wie zum Beispiel Bonus-Zahlungen und Abfindungen
- Einkommen aus Geschäftstätigkeit, außer Dienstleistungen

Die Steuerbefreiung ist unkompliziert – ein Antrag ist nicht nötig. Man lässt die steuerbefreiten Einkünfte einfach aus der Steuererklärung heraus. Die Steuerbefreiung in Neuseeland hat natürlich keinen Einfluss auf eventuell im Anlageland anfallende (Quellen-)Steuern!

7.2.5 Geldanlagen

Zum jetzigen Zeitpunkt (April 2009) kann man das Wort »Geldanlage« nicht in den Mund nehmen, ohne Stellung zu beziehen zu der weltweiten Finanzkrise und den Auswirkungen auf Neuseeland. Die Finanzkrise lässt sich leider auch in Neuseeland nicht wegleugnen. Anders als bei der Vogelgrippe hilft da auch die geographische Abgeschiedenheit nicht! Die Großfinanz ist allgegenwärtig und weltweit verwoben. Auch neuseeländische Banken sind auf internationale Kredite angewiesen und bekommen demzufolge zu spüren, wenn das Geld knapper und teurer wird. Momentan hält man hier den Atem an, um abzuwarten, ob aus der Finanzkrise eine Weltwirtschaftskrise wird. Neue Projekte werden aufgeschoben, Angestellte entlassen und Neuanstellungen vermieden. Insoweit ist die Welt ein Dorf und Neuseeland kein Paradies!

Trotzdem lohnt sich ein genauerer Blick auf die Bankenwelt hier in Neuseeland, die von fünf Großbanken beherrscht wird, die allesamt wiederum australischen Großbanken gehören. Die großen Fünf heißen: ASB (*Auckland Savings Bank*), ANZ (*Australia New Zealand Bank*), BNZ (*Bank of New Zealand*), *National Bank* und *Westpac*. Genau genommen sind es eigentlich vier Banken, denn die *National Bank* gehört der *ANZ Bank*.

Neuseeländische Banken sind im internationalen Vergleich konservativ – soll heißen, sie sind und waren nicht involviert in den internationalen Handel mit Kreditpaketen und Derivaten, was ja letztendlich zu der weltweiten Finanzkrise geführt hat. Kerngeschäft ist vielmehr seit eh und je die Kreditgewährung an Unternehmen und Hauseigentümer. Zwar müssen die hiesigen Banken sich vorhalten lassen, in den letzten Jahren Immobilien teilweise bis zu 100 Prozent finanziert zu haben – also keinen Puffer dagegen eingebaut zu haben, dass Immobilienwerte fallen. Auf der anderen Seite werden allerdings Kredite in aller Regel nur vergeben, wenn eine Immobilie als Sicherheit dahinter steht. Das gilt sowohl für Kredite an Unternehmen als auch an Privatpersonen. Ohne Belastung eines Hauses gibt es in der Regel auch keinen Kredit bei der Bank. Selbst unbebaute Grundstücke reichen oft als Kreditgrundlage nicht aus!

Risikoreichere Finanzierungen werden von anderen, kleineren Finanzinstituten abgedeckt, so genannten *Finance Companies*. Vergleichbares gibt es in Deutschland nicht, denn für die Tätigkeiten der *Finance Companies* bräuchte man in Deutschland eine Banklizenz – und die ist teuer! Es sind in der Regel die *Finance Companies*, die Verbraucherkredite (für die Finanzierung eines Autos oder Kühlschranks) vergeben und Bauvorhaben von Immobiliengesellschaften finanzieren. *Finance Companies* gehen in schweren wirtschaftlichen Zeiten (wie jetzt) gerne auch mal pleite, halten aber dafür den Pleitegeier fern von den Großbanken, die sich auf ihr Kerngeschäft konzentrieren.

Es ist herrschende Ansicht, dass aus diesen Gründen die neuseeländischen Banken zu den sichersten Banken in der Welt gehören. Die neuseeländische Regierung – oder genauer gesagt, die neuseeländische Notenbank (*Reserve Bank*, das Äquivalent zur Bundesbank) – garantiert seit 2008 alle Einlagen bei neuseeländischen Banken und (unter gewissen Voraussetzungen) sogar bei den *Finance Companies*.

Das hart erarbeitete Geld ist in Neuseeland nicht nur gut aufgehoben, sondern wirft auch noch deutlich höhere Zinsen in Festgeldanlagen oder Bonds (festverzinsliche Wertpapiere) ab, als man das in Europa gewöhnt ist. Panik ist nur berechtigt, wenn die Weltwirtschaft wie in den 1930er Jahren zusammenbricht – aber auch dann spielt es keine Rolle, wo das Geld nichts mehr wert ist, Globalisierung sei Dank!

Als Teil des globalen Finanzsystems funktioniert der neuseeländische Geldmarkt im Prinzip genauso, wie man das auch aus Deutschland beziehungsweise Europa kennt. Trotzdem ist es wichtig, sich der Unterschiede bewusst zu sein, um Fallen zu vermeiden und sich bietende Gelegenheiten zu nutzen.

Wie in anderen Finanzmärkten auch gibt es grundsätzlich die folgenden Investitionsmöglichkeiten: Cash & Bonds, Aktien, Immobilien und alternative Anlagen (zum Beispiel Hedgefonds).

Cash & Bonds 7.2.5.1

Hier gibt es die größten Unterschiede zum europäischen Markt. Obwohl aufgrund der Finanzkrise der Leitzinssatz in den letzten Monaten auch hier gesunken ist (von 8,25 Prozent im Juni 2008 auf 3 Prozent im März 2009), bleibt Neuseeland zurzeit das Land mit dem höchsten Leitzinssatz in der so genannten »westlichen Welt«. Dementsprechend gibt es hier Anlageoptionen, die mit vergleichsweise geringem Risiko höhere Zinserträge für Anleger abwerfen, als man das beispielsweise aus Deutschland kennt. Der Markt ist sehr vielschichtig und reicht von Staatsanleihen (*Government Bonds*) bis zu »Junk-Bonds«, die mit über zehn Prozent verzinst sind.

Die schon oben erwähnten *Finance Companies* spielen auf dem neuseeländischen Finanzmarkt auch eine wichtige Rolle und bieten teilweise sehr attraktive Zinssätze, allerdings auch mit höherem Risiko für den Anleger.

7.2.5.2 Aktien

Anders als in Deutschland ist das Investieren am Aktienmarkt in Neuseeland relativ weit verbreitet. Wie in Europa und den USA sind *managed funds* (Investmentfonds) sehr verbreitet, die Investoren-Gelder sammeln und in ein Aktien-Portfolio anlegen. Neben den internationalen Fonds, die auch in Europa für Investoren zugänglich sind, werden in Neuseeland Fonds angeboten, die sich auf neuseeländische und australische Aktien spezialisieren. Gerade der australische Markt ist in Europa wenig beachtet – bietet aber mit seinen erheblichen Rohstoff-Reserven, einer starken Volkswirtschaft und guten Verbindungen in den asiatischen Raum eine ausgezeichnete Diversifikation zu Investments in anderen Märkten.

Neben den Fonds sind auch direkte Anlagen in Aktien sehr beliebt. Ein Unterschied zu europäischen Aktien ist, dass viele neuseeländische und australische Unternehmen traditionell einen größeren Prozentsatz der Gewinne als Dividende ausschütten. Mit anderen Worten, Anleger investieren in Aktien nicht nur zum Zwecke des Wachstums, also der Wertsteigerung der Aktie, sondern auch zum Zwecke der Generierung regelmäßigen Einkommens in Form von Dividenden. Dividenden von fünf Prozent und mehr sind in Neuseeland keine Seltenheit.

Wer an Investments in Fonds interessiert ist und diese aus Europa kennt, wird hier erfreut feststellen, dass (die in Europa oft überzogenen und versteckten!) Gebühren wesentlich niedriger sind.

Immobilien 7.2.5.3

Neuseeländer haben traditionell ein Faible für Immobilienanlagen. Viele Neuseeländer besitzen Mietobjekte oder sind über Fonds an Immobilien der verschiedensten Art beteiligt. Das Verhältnis zwischen Kaufpreis und Mietertrag ist wesentlich günstiger als in Europa, auch wenn die Hauspreise in den letzten Jahren stark gestiegen sind. Erträge von bis zu neun Prozent sind realistisch.

Staatsangehörigkeit 7.2.6

Wer einen *Residence Permit* für Neuseeland hat, verfügt über fast alle Rechte eines Neuseeländers. Aber einige Ausnahmen gibt es: Als Ausländer kann man weder der neuseeländischen Regierung angehören noch darf man beim Geheimdienst arbeiten. Die neuseeländische Staatsangehörigkeit bringt daher auf den ersten Blick keine nennenswerten Vorteile.

Trotzdem beantragen manche die *New Zealand Citizenship*, weil sie damit zum Ausdruck bringen wollen, dass hier ihre neue Heimat ist. Unter Umständen spielt auch ein gewisser finanzieller Anreiz bei der Entscheidung eine Rolle. Die Auszahlung der Altersrente ist nämlich mit Abgabe der deutschen Staatsangehörigkeit in Höhe der Anteile, die man selber als Arbeitnehmer eingezahlt hat, möglich. Ein weiterer Anreiz könnte sein, dass man als neuseeländischer Staatsbürger auch problemlos in Australien leben darf.

Ausländische Staatsangehörige können fünf Jahre nach Erhalt des *Residence Permit* die neuseeländische Nationalität beantragen. Ausländer, die vor dem 21. April 2005 den *Residence Permit* erhalten haben, brauchen nur drei Jahre nachzuweisen.

Deutsche, die die neuseeländische Staatsangehörigkeit beantragen, verlieren kraft Gesetzes ihre deutsche Staatsangehörigkeit. Seit Inkrafttreten des neuen Staatsangehörigkeitsgesetzes im Jahre 2000 kann man allerdings vor Beantragung der neuseeländischen Staatsangehörigkeit eine Genehmigung zur Beibehaltung der deutschen Staatsangehörigkeit beim Bundesverwaltungsamt beantragen. Die Genehmigung hängt im Wesentlichen davon ab, ob man glaubhaft machen kann, dass gewichtige Nachteile entstehen, wenn man nicht zusätzlich zur deutschen Staatsangehörigkeit auch die neuseeländische hat. Nachteile können zum Beispiel vorliegen, wenn für eine Anstellung oder Aufstiegsmöglichkeit die neuseeländische Staatsangehörigkeit verlangt wird. Unter Umständen kann auch geltend gemacht werden, dass man nach Australien auswandern will (oder besser: versetzt wird), was ja mit einem einfachen *Residence Permit* nicht möglich ist, aber mit der neuseeländischen Staatsangehörigkeit schon!

7.2.7 Wahlen

Wer einen *Residence Permit* hat, darf auch wählen, wenn die folgenden Voraussetzungen erfüllt sind: Man muss 18 Jahre oder älter sein, einen *Residence Permit* haben und mindestens ein Jahr in Neuseeland wohnen. Man muss sich zwar in einem Wählerverzeichnis (*Electoral Roll*) registrieren, eine Wahlpflicht besteht aber nicht. Weitere Informationen sind unter www.elections.org.nz zu finden.

Rente 7.2.8

In Neuseeland gibt es eine Einheitsrente, die so genannte *New Zealand Superannuation* (oder kurz *New Zealand Super*), die nach der Höhe des neuseeländischen Durchschnittseinkommens bemessen wird. Die Mindestansprüche liegen bei 65 Prozent des Durchschnittseinkommens, die Auszahlung erfolgt alle zwei Wochen. Hier ist eine Aufstellung der Rentenansprüche (in NZ$; Stand 1. Oktober 2008):

	Vor Steuer	Nach Steuer
ledig (alleinlebend)	695,54	595,58
ledig (zusammenlebend)	640,22	551,60
verheiratet (Partner nicht einbezogen)	528,74	462,74
verheiratet (beide Partner sind anspruchsberechtigt) pro Person	528,74	462,74
verheiratet (nur ein Partner ist anspruchsberechtigt) pro Person	502,84	440,10

Jeder, der in Neuseeland gearbeitet hat, über 65 Jahre alt und neuseeländischer Staatsbürger oder *Perma-*

nent Resident ist, hat Anspruch auf die Altersrente (*Superannuation*). Er muss dafür aber mindestens zehn Jahre nach seinem zwanzigsten Lebensjahr und davon wiederum fünf Jahre nach dem fünfzigsten Lebensjahr in Neuseeland gelebt haben.

Seit 2007 gibt es außerdem den so genannten *KiwiSaver* – ein staatlich unterstütztes, freiwilliges Rentensparprogramm. Angestellte führen zwei Prozent ihres Bruttolohnes ab und erhalten vom Arbeitgeber einen zusätzlichen Zuschuss von zwei Prozent sowie einen Zuschuss vom Staat bis zu 1.040 NZ$ pro Jahr. Bei Erreichen der festgesetzten Altersgrenze (zurzeit 65 Jahre) wird die angesparte Summe ausgezahlt.

Wie schon an anderer Stelle im Buch angesprochen, ist für den typischen Neuseeländer das eigene Haus traditionell ein wichtiges Lebensziel. Aufgrund der hohen Hauspreise wurde für viele, insbesondere junge Neuseeländer der Kauf des ersten eigenen Hauses in den letzten Jahren unerschwinglich. Die neuseeländische Regierung hat daher gesetzlich geregelt, dass man zum Erwerb des ersten Eigenheims auch schon vor Erreichen des Rentenalters an das Geld herankommt. Darüber hinaus gibt es sogar noch einen staatlichen Zuschuss! Die Regelung ist wie folgt:

Wer zum ersten Mal in Neuseeland ein Haus kauft, kann die selber in das *KiwiSaver*-Programm eingezahlten Beiträge für den Hauskauf in Anspruch nehmen und erhält für jedes Jahr der Mitgliedschaft im *KiwiSaver*-Programm einen Zuschuss von 1.000 NZ$ vom Staat. Man muss allerdings mindestens drei Jahre eingezahlt haben. Maximal wird ein Zuschuss von 5.000 NZ$ gewährt.

Wer sich als Einwanderer entschließen sollte, nach einigen Jahren wieder zurück in die Heimat zu ziehen, kann sich seine eingezahlten Beiträge auch wieder auszahlen lassen. Im Übrigen kommt man nur in extremen Notlagen vor dem Erreichen des Rentenalters an die Gelder heran.

Das *KiwiSaver*-Programm ist nicht nur aufgrund der staatlichen Zuschüsse interessant, sondern auch, weil man selber Einfluss darauf nehmen kann, wer die Rentengelder für einen anlegt und vor allem auch wie die Gelder angelegt werden. Es gibt eine Vielzahl offiziell zugelassener Investment-Firmen, die die Rentengelder für einen anlegen können und dürfen. Empfehlenswert ist, mit den Beratern Anlagestrategien zu besprechen, denn nur so kann man selber Einfluss darauf nehmen, wie die Gelder angelegt werden sollen.

Auch Selbstständige können sich dem *KiwiSaver* anschließen und erhalten dann ebenfalls den staatlichen Zuschuss. *KiwiSaver* ist auch für Einwanderer interessant – ist aber erst möglich nach Erhalt des *Residence Permit* (der Daueraufenthaltserlaubnis).

Eine Auswanderung nach Neuseeland führt nicht zum Verlust der Rentenansprüche in Deutschland. Man kann sich seine Rente nach Neuseeland auszahlen lassen. Das führt dann aber dazu, dass die neuseeländische Rente (*Superannuation*) entsprechend gekürzt oder gestrichen wird (Ansprüche aus dem *KiwiSaver* bleiben aber unberührt). Wer die neuseeländische Staatsangehörigkeit angenommen hat, kann sich seine Rente von der deutschen Rentenversicherung in

Höhe der eigenen Beitragszahlungen auszahlen lassen. Es ist empfehlenswert, sich vor der Beantragung der neuseeländischen Rente (*Superannuation*) die deutsche Rente auszahlen zu lassen, um von Anfang an die neuseeländische Rente in voller Höhe beziehen zu können.

7.2.9 Führerschein

Man darf mit dem deutschen Führerschein in Neuseeland bis zu einem Jahr fahren. Ein internationaler Führerschein ist also für das erste Jahr nicht notwendig, es reicht vielmehr der ganz normale EU-Führerschein. Falls der Führerschein nicht auch in englischer Sprache ausgestellt ist, muss allerdings eine öffentlich beglaubigte englische Übersetzung mitgeführt werden.

Unter Umständen empfiehlt es sich aber, den neuseeländischen Führerschein schon vor Ablauf des Jahres zu machen, um von günstigeren Autoversicherungskonditionen profitieren zu können. Ohne neuseeländischen Führerschein greifen sonst in der Regel die teureren Touristentarife.

Mit einem deutschen EU-Führerschein erhält man den neuseeländischen Führerschein in der Regel ohne theoretische oder praktische Prüfung. Trotzdem sollte man sich den *Road Code* (die Straßenverkehrsordnung) genau durchlesen, denn es gibt einige Besonderheiten, insbesondere die Vorfahrtsregeln beim Linksabbiegen. Für die Ausstellung des neuseeländischen Führerscheins benötigt man den Pass und den deutschen Führerschein.

Automobilclub 7.2.10

Die *Automobile Association* (AA) ist dem ADAC in Deutschland sehr ähnlich und es lohnt sich, Mitglied zu werden, da man bei Pannen in abgelegenen Gegenden ohne Hilfe des AA oft hilflos ist. Weitere Informationen sind auf der Homepage zu finden.

www.aa.co.nz

Bei Leihwagen ist zu beachten, dass das Autofahren nicht überall versichert ist...
...zum Beispiel am *90 mile beach* (Foto: D. Holzapfel)

8 Einwanderer-Porträts

Auf den folgenden Seiten finden Sie die Porträts dieser Neuseeland-Einwanderer:

Fotos und Porträts stammen von Anja Schönborn.

Blick auf Karekare: Strand aus dem Film »Das Piano«

Jutta Chisholm

Mit den Eltern ausgewandert und nie zurückgekehrt – Ein Umzug in eine andere Welt

»Nach Neuseeland auswandern«, sagt Jutta Chisholm (45), geborene Giggenbach, heute, »ist eine Sache der eigenen Persönlichkeit. So wie es Menschen gibt, die lieber auf dem Land als in der Stadt wohnen, muss man auch ein bestimmter Typ sein, um in Neuseeland zu leben, sonst fühlt man sich hier nicht wohl.« Die gebürtige Deutsche weiß, wovon sie spricht. Sie hat unzählige Auswanderer nach Neuseeland kommen und wieder gehen sehen. Sie selbst ist echte Neuseeländerin, hat einen Kiwi geheiratet und zwei Söhne bekommen, denen man ihre deutschen Wurzeln überhaupt nicht mehr ansieht. Und sie ist glücklich, obwohl sie damals gar nicht selbst die Wahl traf, nach Neuseeland auszuwandern.

Jutta Chisholm kommt gezwungenermaßen ins »Land der langen weißen Wolke«. Als Vierjährige fliegt sie mit ihren Eltern und ihrer ein Jahr älteren Schwester Ellen in das ferne, unbekannte Land, nichtsahnend der Dinge, die sie erwarten. Ihr Vater, Dr. Werner Giggenbach, fühlt sich nach seinem Studium der Chemie an der Technischen Universität in München im Jahr 1960 eingeengt, möchte seinem wissenschaftlichen Geist Freiraum geben. Er will nicht einfach nur »Laborjunge« sein, wie er selbst sagt. Denn in Deutschland müsste er etwa fünf Jahre lang unter einem Professor arbeiten. Der Chemiker entscheidet sich, mit seiner Familie nach Michigan in die USA zu gehen, um an der dortigen Universität zu arbeiten.

»Mein Vater war schon immer anders, ein rebellischer Geist eben. Er liebte es einfach aufzufallen, fuhr mit einer pinkfarbenen Vespa herum, liebte das Abenteuer und hatte eine ungestillte Reiselust«, erinnert sich seine Tochter Jutta. Völlig unerwartet erhält der Doktor der Chemie 1969 ein Jobangebot aus Neuseeland – mit dem Schwerpunkt geothermische Wissenschaften.

Werner Giggenbach soll für das DSAR, das *Department of Scientific and Industrial Research* in Wellington arbeiten. »Als wir aus dem Flugzeug stiegen, brausten uns die hier so typischen *Southerlies*, die Südwinde aus der Antarktik, um die Ohren. Obwohl es Frühling war, froren wir sofort. Meine Mutter sah im Nebelgrau und Regen nur die Industrieteile der Stadt. Sie sagte zu meinem Vater: ›Oh mein Gott, wo hast Du uns hier nur hingebracht.‹« Der Chemiker bekommt sein eigenes Büro im wissenschaftlichen Institut, niemand fragt, woran er arbeitet. Er kann seinen wissenschaftlichen Gedanken freien Lauf lassen. Das gefällt ihm. ›Meine Arbeit hier in Neuseeland, das ist noch wahre Wissenschaft!‹, erzählt er eines Abends begeistert, als er nach Hause kommt.

Mutter Johanna dagegen hasst ihr Leben in Neuseeland zunehmend. Sie fühlt sich wie in einem Land der Dritten Welt. »Es gab damals keine Strumpfhosen, die Kiwis waren in Mode und Lebensstil einfach mindestens 20 Jahre hinterher«, erzählt die heute 45-jährige Jutta lachend. »Meine Mutter ist und war auch damals schon sehr modebewusst, trug die Haare immer feinsäuberlich hochgesteckt, nähte sich aufwendige Kleider selbst. Das muss wirklich ein Schock für sie gewesen sein. Einmal ist sie im Bikini an den Strand gegangen. Das war total verpönt und die Leute haben sie völlig entrüstet zurück nach Hause geschickt.«

Jutta und ihre Schwester Ellen haben nicht weniger Schwierigkeiten, sich im neuen Land zurechtzufinden und einzugewöhnen. Die Mutter kleidet die Mädchen in typisch bayerischer Tracht. Mit Dirndl und Schleifen im Haar schickt sie die Töchter zur Schule. »Einmal hat sie uns sogar Bier in die Trinkflaschen geschüttet. Das war damals so üblich, gehörte zu den Grundnahrungsmitteln«, lacht Jutta und rührt in ihrem Kaffee. »Alle anderen Kinder hatten diese fein säuberlich zusammengelegten, dünnen Weißbrot-Sandwiches als Pausenbrote dabei. Ellen und ich bekamen immer selbstgebackene, dicke, trockene Brotscheiben mit in die Schule, zwischen die alles gepackt wurde, was an Resten noch im Haus übrig war. Wir fielen überall auf. ›Guck mal, die Giggenbach-Mädels!‹, haben die Leute uns nachgerufen. Deutscher konnten wir ja auch gar nicht sein.«

Im Gegensatz zu den Schweizern, die bei den Neuseeländern anerkannt waren, wurden Deutsche infolge des Zweiten Weltkrieges von den meisten Kiwis in den frühen 1970er Jahren eher mit Misstrauen angesehen. »Die Jungs im Ort spielten immer nur Krieg, Gut gegen Böse. Wir gehörten einfach in die Kategorie Feind. Meine Schwester und ich legten die deutsche Sprache deshalb ganz schnell ab. Wir wollten nicht anders sein, nicht mehr auffallen. Wir wollten einfach so wie alle anderen Kinder sein«, sagt Jutta rückblickend. Mit fünf Jahren hört sie einfach auf, Deutsch zu sprechen. Vater und Mutter kommunizieren zwar in der Muttersprache miteinander, mit den Kindern wird jedoch eher eine Mischung aus Deutsch und Englisch gesprochen. »Wenn meine Mutter sauer auf uns war, geschimpft hat, dann immer auf Deutsch. Da hat wenigstens kein anderer etwas verstanden.«

Die Familie kauft sich für damals zweitausend Dollar ein Grundstück und baut das erste Haus am Hang in der *Mahina Bay* des kleinen Örtchens Eastbourne. Sie wagen es als Erste zu bauen, ohne den Berg vorher abzuflachen. Das ist völlig innovativ. Das massive Holzhaus ist solide im Vergleich zu den Kiwi-Bauten, so deutsch es eben in der Ferne machbar ist. Der ganze Ort sieht beim Errichten interessiert zu. Auch sonst wollen die Eltern nicht von den deutschen Gewohnheiten ablassen. Mutter Johanna kauft viele Dinge im Delikatessen-Laden, kann sich nicht mit den Essgewohnheiten des neuen Landes abfinden. Sie braucht insgesamt über sieben Jahre, um sich an Neuseeland zu gewöhnen. Erst als sie selbst beginnt, als Schneiderin in einer Fabrik zu arbeiten und Jeans zu nähen, knüpft sie engere Kontakte und lebt sich ein.

»Neuseeland war damals so englisch geprägt, einfach unglaublich. Im Kino mussten alle vor dem Film aufstehen und ›*God save the Queen*‹ singen. Die Maori durften in der Schule auch nicht ihre Sprache sprechen. Alles war ein bisschen anders hier.« Juttas Vater hingegen hat als Chemiker und Wissenschaftler sein Traumland gefunden. Er wird zum international bekannten und angesehenen Spezialisten für Geothermische Wissenschaften. Dr. Giggenbach erfindet die so genannte »*Giggenbach bottle*«, ein Instrument, um die Gaskonzentration in einem Vulkankrater zu messen und so die Wahrscheinlichkeit einer Eruption vorhersagen zu können. So rettet der Chemiker zahlreiche Menschenleben. Seine Erfindung wird noch heute von Wissenschaftlern auf der ganzen Welt eingesetzt. Dr. Giggenbach besteigt als erster Mensch den 3.000 Meter hohen Mt.-Erebus-Vulkan in der Antarktis, Vulkane im pazifischen Ozean sind nach ihm benannt. Kurz vor seinem 60. Geburtstag stirbt der Forscher bei einer Vulkanbesteigung in Papua Neuguinea an plötzlichem Kreislaufversagen.

Jutta Chisholm kommt gezwungenermaßen ins »Land der langen weißen Wolke«. Als Vierjährige fliegt sie mit ihren Eltern und ihrer Schwester in das ferne, unbekannte Land, nichtsahnend der Dinge, die sie erwarten.

»Mein Vater war ein Genie, ein Erfindergeist sondergleichen. Obwohl er in seinem Verhalten oft typisch deutsch war, wäre er als Wissenschaftler in Deutschland eingegangen. Er brauchte den Freiraum, die Freiheit zu denken, die ihm Neuseeland so offen und freizügig gewährte«, versucht Jutta die Gefühle ihres Vaters zu erklären. Die 45-Jährige hat ihren Platz im neuen Land gefunden. »Ich gewöhnte mich irgendwann daran, einfach immer ein bisschen anders zu sein. Der Zusammenhalt hier im Ort hat mich schließlich aufgefangen.« 1973 reist Jutta das erste Mal wieder nach Deutschland. Eine Erfahrung, die sich in ihre Erinnerung eingebrannt hat: »Alle waren ganz anders angezogen. Ich fühlte mich total arm, wie Abschaum. Man wurde nicht akzeptiert, nur das Aussehen zählte. Alle Kinder mussten beim Essen ganz leise am Tisch sitzen, durften sich nicht von der Stelle rühren. Einfach furchtbar.« Auch das auf Leistungsdruck abzielende Schulsystem in Deutschland findet sie abschreckend. »Ich war immer anders, egal ob in Deutschland oder in Neuseeland«, erkennt sie schnell.

In Aotearoa studiert Jutta deshalb schließlich auch Kunst in der Millionenmetropole Auckland. Als sie 27 ist, hütet sie in den Semesterferien ihr Elternhaus und trifft den Nachbarsjungen Philipp wieder. Kurzentschlossen trennt sie sich von ihrem Freund, zieht zurück nach Eastbourne bei Wellington. Ein Jahr später heiratet sie den Investment-Banker. Sie wird Mutter zweier Söhne – Lucas Josef (heute 15) und Hugh Friedrich (12). Nach der Geburt des ersten Kindes beschließt sie, ihre Deutschland-Besuche erst einmal einzustellen – es werden schließlich über 12 Jahre, die sie nicht in die alte Heimat zurückkehrt. »Deutschland ist so überstrukturiert, wie eine Art Stahlrahmen, in den alle gepresst werden. Ich staune jedes Mal. Alle Zeitungen sind in der gleichen langweiligen Schriftart gedruckt, es gibt keine Ausnahmen, keine Schnörkel. Entweder man passt dort hinein oder eben nicht.«

Jutta wird klar, dass sie nicht mehr in dieses »Gebilde« passt. Sie will nie mehr in ihrem Geburtsland wohnen. »Die Verwandten beschweren sich über alles und jeden, sind einfach unglaublich oberflächlich, materialistisch und interessieren sich nur für ihre BMWs oder dafür, dass die Handtasche zum Outfit passt. Das halte ich einfach nicht aus«, sagt sie völlig entrüstet. »Selbst der Bruder meines Vaters kam nie zu Besuch nach Neuseeland. Angeblich sei die Entfernung zu weit. Ich glaube, sie haben nur Angst davor zu sehen, was sie hier vielleicht wirklich finden – Freiheit.« Bis auf ihre geliebte Tante in München gibt es keinen mehr, zu dem Jutta engen Kontakt hält. »Wenn wir telefonieren, spreche ich aber immer noch Deutsch mit ihr«, gibt die 45-Jährige schmunzelnd und mit englischem Akzent zu. Ihre beiden Söhne beherrschen die Sprache schon nicht mehr, brennen aber darauf, irgendwann einmal in die Heimat ihrer Mutter zu reisen. Jutta genießt die sporadischen Urlaube in München, der nach außen hin so perfekt erscheinenden Stadt, freut sich aber jedes Mal, wieder nach Hause zu kommen – nach Neuseeland. Sie ist überzeugt: »Kiwi ist man mit ganzem Herzen oder eben gar nicht. Wenn Deutsche mit der gewissen Persönlichkeit nach Neuseeland kommen, um wirklich hier zu leben, werden sie nie wieder zurückkehren.«

Margareta & Rainer Spittel

Auf der Suche nach mehr Lebensqualität …
… in Wellington gestrandet

»Wir beide wollten einfach aus Deutschland raus«, erzählt Rainer Spittel. »Ich habe nur noch gearbeitet, ständig Überstunden geschoben, mich irgendwie ausgenutzt gefühlt und sah mich schon mit 40 mit einem Herzinfarkt im Krankenhaus. Das konnte nicht alles gewesen sein«, fügt der IT-ler hinzu. Nach eineinhalb Jahren Auslandserfahrung, seinem Studium und dem anstrengenden Start ins Berufsleben schreibt der 35-Jährige aus Bremen gerade an seiner Doktorarbeit, als er und seine Frau Margareta (33) beschließen, noch einmal ins Ausland zu gehen. Nur wohin?

Eigentlich will das Paar nach Kalifornien. Beide sind viel in Amerika herumgereist, doch die Berufsaussichten für Rainer sind dort nicht gerade verlockend. Auf der Suche nach dem richtigen Ort zum Leben liebäugeln die beiden Deutschen zunächst mit Kanada.

Doch dann kommt es anders: »Mein damaliger Betreuer meiner Diplomarbeit kannte jemanden aus der IT-Branche in Neuseeland. So zogen wir zum ersten Mal überhaupt Neuseeland in Betracht«, erinnert sich Rainer. Es entsteht der Kontakt zu einer Professorin aus Hamilton. »Anfangs dachten wir beide: ›Nee, das ist einfach viel zu weit weg‹, und schoben den Gedanken, ans andere Ende der Welt zu gehen, ganz schnell wieder beiseite«, berichtet Margareta.

Die Idee ruht, doch die Neugier siegt letztendlich: Im Februar 2004 reisen Rainer und seine Frau das erste Mal nach Neuseeland – allerdings nicht wie andere als Touristen mit dem *Campervan*, immer auf der Suche nach Robben, Gletschern und Baumfarnen. Stattdessen sehen sie sich vier Wochen lang nur die großen Städte der Nordinsel an: Auckland, Hamilton, Napier, Wellington. »Wir wollten herausfinden, wie der Alltag in Neuseeland ist, haben jeden, den wir kennenlernten, darüber ausgequetscht, wie das Leben hier so ist. Unsere typische Frage an andere Auswanderer war dann immer: ›Und, habt Ihr es bereut?‹«.

Das gemütliche Wellington gefällt Rainer und Margareta am besten: »Wir haben uns beide gleich in die Stadt verliebt. Sie ist für uns auch die europäischste Stadt. Alle anderen Zentren sind sehr amerikanisiert. Auch wenn das Wetter hier nicht so gut ist wie beispielsweise in Auckland. Hey, wir kommen aus Bremen. Uns kann kein Regenguss so leicht erschüttern.«

Die alles entscheidende Frage der beiden ist nun: »Sollen wir den Schritt wagen oder nicht?« Sie versuchen, alle Für und Wider abzuklären. Kurz nach der

Rückkehr aus Neuseeland liest Rainer im Magazin »Spiegel« einen Bericht über den Immigrations-Anwalt Peter Hahn. Nachdem er weiter in Internetforen recherchiert hat, nimmt er Kontakt zu dem Auswanderberater auf: »So konnten wir klären, wie das Ganze potentiell über die Bühne gehen würde. Peter sagte uns, dass ich als IT-ler sehr gute Arbeitsaussichten hätte.« Damit fällt die Entscheidung: »Wir versuchen unser Glück in Neuseeland!«

Nun wird genügend Geld gespart, um die Durststrecke bis zu einem neuen Job am anderen Ende der Welt überbrücken zu können. Erst jetzt erzählen Rainer und Margareta ihren Freunden und der Familie von ihren Auswanderungsplänen. »Unsere Eltern wussten, dass wir uns mit dem Gedanken auseinandergesetzt hatten, aber die endgültige Entscheidung, zu gehen, kam dann doch wie ein Schlag ins Gesicht. Alle waren sehr traurig. Es ist eben einfach verdammt weit weg.« Doch viele Freunde bewundern auch den Mut der beiden und verstehen den Schritt, ins Ausland zu gehen.

Bereits sechs Monate später haben Margareta und Rainer einen Großteil ihres Hab und Guts verkauft, in Deutschland alles aufgelöst. Einige Bücher, 21 Umzugskartons, ein paar kleine Möbel und einen alten Volvo lagern sie bei Freunden ein. Dann bringen sie noch sechs Pakete mit persönlichen Dingen zur Post und reisen schließlich im November 2005 mit nur vier Koffern nach Neuseeland, um ein neues Leben anzufangen.

Zunächst kommen sie bei Freunden in Auckland unter. Sofort erhält Margareta ein Jobangebot als Bauzeichnerin, Rainer sucht dagegen noch eine Stelle als IT-Fachkraft. »Von Deutschland aus hatte ich bereits versucht, Firmenkontakte zu knüpfen. Während unseres letzten Aufenthaltes hier war ich an der Uni in Auckland und sprach auch mit der Professorin aus Hamilton. Aber keiner konnte mir eine Stelle anbieten, die gepasst hätte«, berichtet er. Auf der CeBit in Deutschland hatte der IT-ler bereits zwölf neuseeländische Firmen kontaktiert und alle Details aufbewahrt. Nun muss er überall noch einmal anklopfen. Bereits die erste Firma zeigt Interesse: »Mike, der *General Manager*, lud mich gleich zum Vorstellungsgespräch ein. Eine Woche später hatte ich den Job.« Nach nur drei Bewerbungsgesprächen sagt Rainer der ersten Firma in Wellington zu und tritt seine neue Stelle binnen kürzester Zeit an. »Eigentlich wollten wir noch ein bisschen Urlaub machen. Dass alles so schnell klappt, hatten wir nicht gedacht!«, erzählt er lachend. Margareta lehnt daraufhin ihr Jobangebot als Bauzeichnerin in Auckland ab und geht mit nach Wellington.

Die beiden leben sich ein und fühlen sich pudelwohl. Neue Freundschaften entstehen. »Wir sind mit sehr vielen Deutschen und Leuten anderer Nationalitäten zusammen. Die Kiwis selbst brauchen sehr lange, bis sie sich einem wirklich öffnen. Aber alle sind unglaublich freundlich und entspannt«, stellen sie fest. »Richtig tiefe Freundschaften entstehen nicht so schnell. Neuseeland ist einfach ein Durchwanderland und hat man jemanden gefunden, verliert man ihn auch sehr schnell wieder, weil er nach Australien oder sonst irgendwohin weiterzieht. Das ist ein bisschen schade!«, resümiert Margareta.

Das Paar genießt in seiner Freizeit die wunderschöne Landschaft, entdeckt ganz neue Hobbies: »Früher sind wir wirklich lange Etappen von bis zu 100 Kilometern auf Inlineskates gefahren. Dafür ist Wellington zu hügelig. Jetzt gehen wir dafür viel Laufen und Seakajaken.« Rainer hat noch ein ganz neues Interessengebiet gefunden: Möbel selbst bauen. »Das ist ein bisschen aus der Not heraus entstanden. Das Angebot hier in Neuseeland ist oft nicht so berauschend, also warum nicht einen Tisch oder Schrank selber bauen?«, lacht der Computer-Freak. Bisher hat er schon diverse Sachen gebaut und ein Ende ist nicht in Sicht.

Auf die Frage nach den negativen Seiten des Landes antworten die Deutschen nach kurzer Überlegung: »Das extrem grüne Image von Neuseeland ist einfach nicht so ganz wahr. Die Kiwis fangen beispielsweise erst jetzt an zu recyceln, haben kaum Kläranlagen. Dadurch, dass hier nur etwa vier Millionen Menschen leben, ist das Problem noch überschaubar. Dennoch gibt es in der Hinsicht jede Menge Nachholbedarf.«

Im März 2007 kaufen Rainer und Margareta ihr eigenes Haus in Strathmore Park, einem Stadtteil von Wellington. »So ganz angekommen und richtig eingebunden fühlen wir uns noch nicht. Mal sehen, was die nächste Zeit so bringt.«, blickt Rainer in die Zukunft. Ob sie für immer in Neuseeland bleiben wollen, können die beiden nicht sagen: »Warum auch? Wir müssen uns doch nicht entgültig entscheiden. Südeuropa ist schön, Norwegen ist toll - die Möglichkeit zu gehen, wohin wir wollen, ist auch viel spannender, oder nicht?«

Marion Herzog & Peter Gahlert

Die Erfüllung aller Träume: Verlorene Liebe nach 33 Jahren in Neuseeland wiedergefunden

Marion (48) erntet gerade ein paar Salbeiblättchen im Garten, während Peter (50) den Rasen mäht. Die beiden Deutschen wohnen in Te Atatu South, westlich von Auckland. Der *Property Manager*, der sich im Auftrag des Vermieters um das Mietobjekt kümmert, ist gerade zur Tür heraus. »Wir haben so ein dickes Lob bekommen. Noch nie hätte er so ordentliche und zuverlässige Mieter gehabt!« Peter Gahlert und Marion Herzog haben beide ein aufregendes Leben hinter sich. Doch jetzt scheinen die beiden mehr als glücklich zu sein – glücklich, sich gefunden zu haben, und glücklich, auf einem der schönsten Fleckchen Erde zu leben – gemeinsam.

Marion ist in Ostdeutschland geboren. Ihre Eltern schmuggeln sie 1961 in den Westen. Die Familie zieht von einem Auffang-Lager zum nächsten. So verbringt das Mädchen einen Großteil seiner Kindheit. Doch als Marion 11 Jahre alt ist, haben ihre Eltern so große Sehnsucht nach Familie und Heimat, dass sie sich entschließen, zurück in die DDR zu gehen – freiwillig. In Pößneck wird das Mädchen wieder eingeschult, höher eingestuft als im Westen, so dass sie anderthalb Jahre jünger ist als ihre Klassenkameraden. Auch Peter lebt bei Pößneck. Die beiden Teenager lernen sich beim Tanzen kennen, verlieben sich und werden ein Paar. Die Jugendliebe hält, bis Peter wegen eines anderen Mädchens Schluss macht. »Ich habe drei Tage lang nur geheult und mein Vater hat hilflos an meinem Bett gesessen«, erinnert sich Marion.

Marion und Peter lernten sich beim Tanzen kennen.

1974 bekommt sie eine Lehrstelle als Chemielaborantin bei Dresden und zieht weg. Alle drei Wochen fährt die junge Frau zurück nach Hause, um ihre Eltern zu besuchen. Dabei trifft sie Peter beim Tanzen in einer Diskothek wieder. Die beiden werden noch einmal ein Paar, als ob sie sich nicht trennen könnten. Doch dann kommt der endgültige Bruch. Marions Familie zieht um, sie beendet ihre Lehre und Peter, der gelernter Kraftfahrzeugschlosser ist, geht zur Armee. »Wir haben uns noch ab und zu geschrieben, aber für beide war klar, dass eine Beziehung so nicht funktionieren kann«, erzählt Marion. »Wir waren auch einfach zu jung«, fügt Peter hinzu.

Marion lernt einen anderen Mann kennen und steht kurz vor der Hochzeit, als wieder ein Brief von Peter bei ihr eintrifft. »Ich hatte richtig Herzklopfen. Ich hing immer noch an ihm, aber ich habe einfach die Vernunft siegen lassen und versucht, Peter aus meinem Kopf zu streichen.« Sie heiratet, zieht nach Brandenburg und arbeitet in einem Elektrostahlwerk. Was sie damals nicht weiß: Peter ist ganz in der Nähe bei der Armee stationiert. Marion wird schwanger, bringt 1981 Sohn Thomas und 1986 den zweiten Sohn Michael zur Welt. Ihr Mann ist fleißig und den Kindern ein guter Vater. Doch Marion vermisst ihre Eltern. Ihr Vater bietet ihr einen Job in seiner Gaststätte an und so zieht Marion mit der ganzen Familie zurück nach Thüringen. Auch Peter arbeitet wieder ganz in der Nähe, allerdings wissen beide nichts voneinander.

Durch ihre guten Kontakte zu den Bürgern im Lokal wird Marion zur zweiten Bürgermeisterin gewählt. Gleichzeitig baut sie mit ihrem Mann ein Haus. Der Job, das Bauprojekt und die Kinder nehmen zu viel Zeit in Anspruch. Marions Ehe scheitert, sie lässt sich scheiden.

Der Bürgermeister des Ortes, dessen Stellvertreterin sie ist, wird ihr neuer Partner. Sie heiratet ein zweites Mal. Am 9. November 1989 öffnet sich die Grenze. Marion beschließt, mit den Kindern und ihrem zweiten Mann ganz neu anzufangen – im Westen. Sie ziehen von Ebersdorf bei Lobenstein nach Ebersdorf bei Coburg, die Partnerstadt, in der sie bereits neue Kontakte geknüpft haben. »Wir wohnten wieder in Aufnahmeheimen, zu viert in einem Zimmer, und teilten uns mit Polen und Tschechen die Küche und das Bad. Es war eine ganz schwierige Zeit! Das ging dann ein halbes Jahr lang so, bis wir eine Sozialwohnung bekamen.« Was Marion nicht einmal ahnt – Peter arbeitet jede Woche in Bamberg ganz um die Ecke. Er baut und repariert Dächer und fährt täglich mit seinem LKW an der Bushaltestelle vorbei, an der sie immer wartet. Der Handwerker ist ebenfalls verheiratet und hat ein Kind, doch seine Ehe funktioniert nicht. Auch die zweite Ehe mit drei weiteren Kindern scheitert. Seine Frau lässt sich kurzerhand scheiden und verweigert ihm später sogar das Recht, die Kinder zu sehen. »Ich wollte einfach nur sterben. Mein Leben war furchtbar!«, erinnert sich Peter Gahlert.

Bei Marion läuft es zu diesem Zeitpunkt nicht viel besser. Sie lässt sich zur Industriekauffrau umschulen, um wieder einen Job zu bekommen. »Doch auf einmal war ich wieder Lehrling und mit Mitte 30 für alle in der Polsterfirma Kaffe zu kochen und Brötchen zu holen, war alles andere als witzig«, erinnert sie sich. Ihr Lehrer macht ständig Witze über Ostdeutsche, beharrt auf der Meinung, sie würden die »Wessis« nur ausnutzen und sich das Leben leicht machen. Marions Leben ist jedoch alles andere als leicht. Tagsüber die Umschulung, abends die Kinder und der Haushalt. »Ab 22 Uhr habe ich dann angefangen zu lernen. Aber die fiese Art meines Lehrers hat mich so angespornt, dass ich schließlich mit lauter Einsern und nur einer Zwei meine Lehre beendet habe«, lacht sie. Ab diesem Zeitpunkt geht es bergauf. Marion liest eine Stellenausschreibung für eine Position in der Personalabteilung des Krankenhauses in Coburg. Von dort arbeitet sie sich hoch, bekommt schließlich eine richtig gute Stelle bei einem Versicherungsriesen, der HUK Coburg. Für einige Zeit arbeitet sie sogar im gleichen Gebäude wie Peter Gahlert, der dort als Handwerker tätig ist. Doch die beiden sehen sich nie.

Peters Leben ist für ihn zu diesem Zeitpunkt unerträglich. Er ist völlig am Boden zerstört. »Ich muss noch verrückt werden«, jammert er eines Abends einem Freund in der Kneipe vor. »Ich möchte so weit weg von hier wie möglich.« Sein Freund antwortet im Spaß: »Na, dann musst Du nach Neuseeland. Das ist noch weiter weg als Australien.« Für Peter ist das keineswegs ein Scherz. Er informiert sich und denkt über einen Fremdsprachenkurs an der Euroschule in Neuseeland nach. Gesagt, getan – Peter reist ans andere Ende der Erde und besteigt dafür zum ersten Mal in seinem Leben ein Flugzeug. »Ich war total blauäugig, wusste so gar nichts über Neuseeland. Ich komme aus einem kleinen Dorf in der ehemaligen DDR, wo einmal im Jahr Kartoffeln gehackt werden. Somit war mein Flug wie die Reise in eine andere Welt. Auf der *Queen Street* in Auckland stand ich einfach nur da und habe gestaunt. Da wachsen Palmen einfach so, mitten in der Stadt. Ich hätte nie gedacht, dass es so schön sein kann!«

Peter ist völlig überwältigt und kommt trotz seines schlechten Englisch gut zurecht. »Das Land ist einfach gigantisch. Die Leute waren so nett zu mir, obwohl ich mir mit meinem Englisch vorkam wie ein Idiot.« Die Zeit vergeht viel zu schnell, Peter muss schon wenige

Monate später ins graue Deutschland zurückkehren. Zu allem Überfluss dreht ihm das Arbeitsamt den Geldhahn zu. Kurzerhand beantragt er noch einmal ein Visum für sechs Monate und reist erneut nach Aotearoa. »Mein zweiter Neuseeland-Aufenthalt war jedoch eher ein Reinfall. Ich kam mir von den Leuten irgendwie ausgenutzt vor. Vielleicht war ich mit 41 auch einfach zu alt, um Kiwi- und Äpfelpflücken berauschend zu finden.«

So kommt er niedergeschlagen und mit hängendem Kopf zurück nach Deutschland. Doch die Zeit im Ausland hat Peter letztendlich die Augen geöffnet. Er sieht, dass das Leben in Neuseeland für ihn ein viel besseres ist, findet sich in seiner Heimat nicht mehr zurecht: »Es war kurz vor Weihnachten, ganz Deutschland war auf den Beinen und im Einkaufsstress. In Regensburg gab es nichts als Hektik. Das war richtig ansteckend und hat mich total krank gemacht«, erinnert er sich. Ihm wird klar, dass er sein Leben lieber am schönsten Ende der Welt verbringen möchte.

Mit Hilfe des Auswanderberaters Peter Hahn kommt der Handwerker schließlich am 12. Januar 2000 zum dritten Mal im Land seiner Träume an. Er hält sich mit zermürbenden Jobs bei verschiedenen Baufirmen über Wasser, bekommt aber im April 2001 endlich seine *Permanent Residency*, seine uneingeschränkte Aufenthaltserlaubnis in Neuseeland. »Ich habe um 7 Uhr morgens in *Downtown* Auckland auf dem Boden gekniet und gerufen: ›Ich hab's geschafft!‹«, erinnert sich Peter Gahlert überglücklich.

Marion lebt zu dieser Zeit immer noch mit ihrem zweiten Mann und ihren beiden Söhnen bei Coburg, hat einen guten Arbeitsplatz und ist eigentlich glücklich. Doch zu einem ihrer fünfjährigen Klassentreffen besucht sie Peters Eltern, unterhält sich mit ihnen und erfährt, dass ihre Jugendliebe in Neuseeland lebt. Sie sieht ein Foto von Peter und hat sofort wieder Herzklopfen. Daraufhin nimmt sie Kontakt zu ihm auf. Die beiden unterhalten sich oft am Telefon, schicken sich immer wieder gegenseitig Fotos und Geburtstagsgrüße. Die Beziehung wird enger und Peter und Marion schreiben sich per Handy wie zwei Teenager – bis zu 60 SMS pro Tag. Am 31. Juli 2005 stellt Marion fest: »Ich freue mich, dass wir wieder in Kontakt sind«, und Peter antwortet: »Ich mich auch. Mehr als Du denkst«. Marion gesteht: »Ich glaube, ich habe mich wieder in Dich verliebt.« Daraufhin ruft der damals 50-Jährige seine zwei Jahre jüngere Marion von Neuseeland aus an und sagt ihr am Telefon: »Ich heirate Dich!«

Doch Marion lebt in Deutschland und steckt noch mitten in ihrer Ehe. Sie spricht mit ihrem Mann, beendet die Beziehung am 7. August und kauft sich ein Flugticket ans andere Ende der Erde. Ihren beiden Söhnen, die mittlerweile 21 und 26 Jahre alt sind, versucht sie zu erklären: »Peter ist meine große Liebe.« Diese sind zwar vernünftig, können die Situation aber nicht so recht einschätzen, da ihre Mutter vorher noch nie von Peter erzählt hat und sie den Mann somit nicht einmal kennen. Marions Arbeitskolleginnen verstehen die Welt nicht mehr, obwohl sie ihren Mut bewundern. Freunde erklären die sonst so vernünftige Frau für verrückt.

Am 28. Oktober 2005 steigt die 48-Jährige trotz Flugangst in die Maschine, die sie über Dubai und Australien in ein völlig fremdes Land bringt – zu ihrer Jugendliebe. »Ich konnte ja so gut wie kein Englisch. Mann, war ich nervös!« In Neuseeland angekommen, rennt Marion erst einmal auf die Toilette. »Oh Gott, wie sehe ich denn aus«, murmelt sie nach dem 30-Stunden-Flug vor sich hin. »Hoffentlich findet er mich nicht zu alt!« Die Blumen in Peters Hand zittern, er ist furchtbar nervös. »Eine Bekannte hat mich zum Flughafen gefahren. Ich war so aufgeregt, ich hätte bestimmt einen Unfall gebaut.« Dann ist der große Augenblick da: Marion kommt durch das Tor und beide fallen sich überglücklich in die Arme, wollen sich überhaupt nicht mehr loslassen.

Marion ist überwältig – von Peter und von der unglaublich schönen Natur Neuseelands. »Wir sind die *Bushroad* entlanggefahren. Diese wilden Yuccas, Baumfarne, Palmen – ich kam mir vor wie in einem Traum«, erinnert sie sich. Die beiden verstehen sich so gut, als wären sie nie getrennt gewesen. Peter hat mittlerweile umgeschult, ist Massage-Therapeut und arbeitet in einer Behinderteneinrichtung. Marion genießt drei wunderschöne Wochen im »Land der langen weißen Wolke«. An den Wochenenden zeigt Peter ihr alle seine Lieblingsplätze – den *Sky Tower*, den Urwald, die wunderschönen Strände an der Westküste. Marion ist ein Naturmensch, fühlt sich geborgen und eins mit den Wellen, Wolken und dem Wind. Sie ist angekommen, zu Hause.

Das Paar weiß, dass Marion noch einmal nach Deutschland zurück muss – aber diesmal soll der

Abschied nur für kurze Zeit sein. Die 48-Jährige lässt sich sofort nach ihrer Rückkehr scheiden, kündigt ihren gut bezahlten Job bei der HUK Coburg, löst ihre Wohnung auf und verschifft ihr Hab und Gut per Container nach Neuseeland. »Ich habe mich zum ersten Mal in meinem Leben für mich entschieden, endlich einmal nach meinem Bauchgefühl gehandelt!«, erklärt Marion ihre Entscheidung, in Deutschland alles aufzugeben. Am 22. Februar 2006 wandert sie zu Peter nach Neuseeland aus und bereits vier Wochen später, am 27. März, heiratet sie ihre Jugendliebe, von der sie über 30 Jahre getrennt war und die sie nie vergessen konnte.

...bereits vier Wochen später, am 27. März, heiratet Marion ihre Jugendliebe...

Peter und Marion leben heute gemeinsam im Westen Aucklands. Beide haben im Pflegebereich einen Job gefunden, der ihnen Spaß macht. Marions Englischkenntnisse haben sich stark verbessert. Ihr Resümee: »Man lebt in Neuseeland nicht, um zu arbeiten, sondern arbeitet, um leben zu können. Und wir haben hier ein großartiges Leben! Wir haben uns wiedergefunden und das auch noch am schönsten Ende der Welt!«

Sabine & Peter Tetzlaff

Vom Dreirad-Händler zum Investment-Banker: Neuseeland lässt noch Platz für Träume

»Wir wollten schon immer aus Deutschland weg. Wir haben uns dort nie richtig zu Hause gefühlt«, erzählen Peter Tetzlaff und seine Frau Sabine (beide 48). Vor fast elf Jahren sind sie mit ihren zwei Kindern nach Neuseeland ausgewandert und haben den Schritt nie bereut. Im Gegenteil – es erwartete sie eine Traumkarriere am anderen Ende der Welt.

Schon 1980, als sich Peter und Sabine im Alter von 20 Jahren kennen lernten, versuchten sie aktiv, nach Australien auszuwandern. »Wir waren im Reisefieber, wollten etwas Neues sehen und ausprobieren. Doch die Visa-Anträge wurden abgelehnt, wir starteten gerade ins Berufsleben und so gelang uns der Absprung einfach nicht.« Das Paar lebt in Idstein bei Frankfurt am Main. Peter, der eigentlich gelernter Chemielaborant ist, macht in den nächsten Jahren Karriere als

Handelsfachwirt und arbeitet sich bei einem großen Fahrrad-Versandhandel nach oben. Sabine ist hauptberuflich Mutter, kümmert sich um Tochter Katharina und Sohn Robin und arbeitet nebenher als Erzieherin. »Wir haben das leider typisch deutsche Familienleben geführt. Peter hat so viel gearbeitet, war nie zu Hause. Gemeinsame Zeit zu viert oder Familien-Wochenenden hatten wir so gut wie nie. Man hetzt immer den Tagen hinterher, bezahlt brav seine Hausraten ab, kommt gerade so über die Runden«, erinnert sich Sabine noch gut an ihr Leben in Deutschland.

Als die Kinder bereits zehn und zwölf Jahre alt sind, entscheiden die beiden schließlich: »So wollen wir nicht weitermachen!« Sabine und Peter sind in den vergangenen Jahren durch Norwegen und viele andere Teile Europas gereist, doch so richtig gefallen hat es ihnen nirgendwo – zumindest nicht so gut, um dort zu leben. Obwohl sie noch nie vorher in Neuseeland waren, zieht es Peter und Sabine ans andere Ende der Welt. Sie informieren sich bei Immigrationsanwalt Peter Hahn über ihre Einwanderungschancen. »Familie und Freunde haben uns für total verrückt erklärt – einen guten Job sausen zu lassen, die Kinder aus ihrem Umfeld zu reißen, in ein Land auszuwandern, in dem man vorher noch nie war.«

Nur Sabines Eltern haben wirklich Verständnis. Sie verraten, dass sie in den 1960er Jahren selbst nach Australien ziehen wollten, damals sogar schon die Schiffstickets besaßen und dann wenige Tage vor der Abreise einen Rückzieher gemacht haben. »Meine Mutter sagte: ›Es ist traurig, dass ihr weggeht, aber zieht es durch! Wir haben den Absprung damals nicht geschafft und ärgern uns bis heute, dass wir es nicht gewagt haben, den großen Schritt zu gehen.‹« Das gibt Sabine Mut. Sohn Robin ist zehn und sofort einverstanden, solange seine Eltern versprechen, dass es »dort« Palmen gibt. Und das können die beiden mit Gewissheit tun. Auch für Tochter Katharina gibt es keine Zweifel. Der Familienrat ist sich einig.

Im Oktober 1998 reisen Sabine und Peter mit ihren Kindern nach Neuseeland. »Schon als wir gelandet sind, hat es sofort ›klick‹ gemacht. Das war's. Hier sind wir richtig«, lacht Sabine über ihre damaligen Gefühle. Peter bewirbt sich bei verschiedenen Unternehmen, hat bereits eine Woche später einen Job in Levin, einem kleinen, gemütlichen Ort nördlich von Wellington an der *Kapiti Coast*. Die Kinder gehen schon zwei Wochen später zur Schule – ohne Englischkenntnisse. »Katharina hat einen Monat lang in der Schule kein Wort gesprochen. Die Lehrer haben sich mit ihr in Zeichensprache unterhalten. Sie waren unglaublich verständnisvoll. Bei Robin hat es auch lange gedauert. Aber dann haben beide angefangen, die englische Sprache aufzusaugen, zu sprechen – und bis heute nicht mehr damit aufgehört«, berichtet die Mutter über die Entwicklung ihrer Kinder.

Peter arbeitet in einem Dreiradhandel, zusammen mit einem Geschäftspartner, der ein US-amerikanisches Patent für den Umbau von Fahrrädern zu Dreirädern für Behinderte gekauft hat und weiterentwickeln will. »Wir haben über die Jahre wirklich alles aus der Firma geholt und unseren Bausatz weiterentwickelt. So konnten wir jedes normale Rad speziell für die Bedürfnisse der Behinderten umrüsten. Später haben wir dann Rikschas und Dreiräder für alle Zwecke, wie zum Beispiel mit Minibar für den Strand, gebaut. Die Firma florierte und unsere Kunden saßen in Resorts auf Tahiti und Fidschi.«

Auch Sabine möchte wieder ins Berufsleben einsteigen, die englische Sprache besser beherrschen, und eröffnet eine mobile Fußpflegepraxis. Sie bietet persönliche Hausbesuche für die hauptsächlich älteren Kunden an und hat bereits nach kurzer Zeit großen Erfolg.

In Deutschland hat Familie Tetzlaff sehr bewusst, ökologisch und zum Teil sogar vegetarisch gelebt. »Als wir vor elf Jahren in Neuseeland ankamen, gab es noch keine *Organic Shops* oder so. Das war für uns eine große Umstellung.« Dafür haben die Tetzlaffs endlich das Familienleben, das sie sich wünschen – mit mehr Zeit füreinander und für die Kinder. »Während die Töchter meiner Freundinnen in Deutschland schon die ersten Alkoholexzesse, Jungs und Partys im Sinn hatten, haben meine Kinder hier einfach ihre unbeschwerte Kindheit zurückbekommen. Katharina saß zu der Zeit mit ihren Freundinnen im Pool oder am Strand und führte Mädchengespräche. Auch für Robin war es hier das Paradies. Er angelte die Forellen aus unserem grundstückseigenen Bach, wurde von befreundeten Eltern zum Hasen schießen und Fischen mitgenommen«, beschreibt die Mutter die positiven Veränderungen für ihre Kinder.

Grundsätzlich hat sich die Familie in Neuseeland so schnell eingelebt, dass sie nie daran dachten, auch nur zu Besuch in die alte Heimat zurückzukehren.

»Wir sind hier wirklich ins kalte Wasser gesprungen – was die Jobs anging, unser Englisch, das Leben in einem anderen Land. Aber alles hat so komplikationslos geklappt. Es war einfach super«, berichtet Sabine begeistert.

Nach sieben Jahren verkauft Peter mit seinem Geschäftspartner, der mittlerweile schon fast zur Familie gehört, die Firma. Er möchte endlich seinem lang ersehnten Traum nachgehen und ins Investment-Geschäft einsteigen. »Hier in Neuseeland ist das Business ein bisschen komplexer. Man arbeitet nicht für eine Bank oder Versicherung, sondern berät die Kunden wirklich individuell und unabhängig. Das hat mich richtig gereizt«, erklärt Peter den Unterschied zur deutschen Investment-Branche. Und was in seinem Herkunftsland nie möglich gewesen wäre, bietet sich Peter in Neuseeland als ganz neue Berufschance zur Verwirklichung seines Traumes. Er bekommt einen Job in einer Investment-Firma in Tauranga in der *Bay of Plenty*. Dort hat er einen *Financial Planner* als Mentor und absolviert berufsbegleitend ein Fernstudium zum »CFP«, *Certified Financial Planner*, die höchste Qualifikation in dieser Branche.

Auch Sabine fängt einfach noch einmal von vorne an. Ihr lange zurückliegender medizinischer Hintergrund verschafft ihr die Möglichkeit, eine Ausbildung zum *Phlebotomist*, zur medizinisch-technischen Assistentin, in einem großen Labor zu bekommen. »Wir haben dort Knochenmarkproben entnommen, aber auch ganz normale Bluttests gemacht. Es ist unheimlich interessant und ich liebe es, den oft total verunsicherten Patienten einfach die Angst zu nehmen.«

Auch die Kinder entwickeln sich in ihrer neuen Heimat prächtig. Katharina, inzwischen 23, die in Deutschland eher schüchtern war, wird ein quirliger Teenager und studiert schließlich Grafikdesign an der Universität in Auckland. »Das war immer ihr Traum. Während sich in Deutschland die Kinder von Freunden verzweifelt um eine Ausbildung bemühen, gibt es hier in Neuseeland einfach viel weniger Bewerber und die Lehrstellen kann man sich noch aussuchen«, erläutert Sabine begeistert die Möglichkeiten im »Land der langen weißen Wolke«.

Die Tetzlaffs sind glücklich in Neuseeland.

Robin war in Deutschland laut Lehrer ein Problemschüler, bekam zum Beispiel Mahnungen nach Hause geschickt, weil er im Schulhof auf Bäume kletterte. »An seinem ersten Schultag stand Robin unter einem Baum und starrte verträumt in die Äste. Da hat ein Lehrer zu ihm gesagt: ›Warum versuchst Du nicht mal hochzuklettern?‹ Das fand er natürlich unglaublich toll, dass man hier so etwas darf.« Der heute 21-Jährige schafft den Schulabschluss ohne Probleme, absolviert bereits an der Schule einen Grundkurs im Kochen. »Er hat schon als Kind immer vor dem Fernseher gesessen und wie gebannt alle Kochsendungen angeguckt«, erinnert sich Peter. Nach verschiedenen Praktika in Cafés während der Highschool lässt sich

Robin zum Koch ausbilden und arbeitet inzwischen bei einer großen Catering-Firma in Wellington. »Das war schon immer sein Faible und heute ist es sein Traumberuf.«

Mittlerweile wohnen Peter und Sabine wieder in Levin, bauen an ihrem fünften Haus – und sie sind glücklich! »Unser Leben hat sich komplett gewandelt. Es ist einfach um 50 Prozent langsamer geworden. Und Karriere haben wir beide auch noch gemacht.« Peter arbeitet von zu Hause aus, geht an einem sonnigen Sommertag auch schon mal mittags mit Freunden auf den Golfplatz und arbeitet dafür am Abend länger. Sabine verrät noch einen anderen, für sie ganz entscheidenden Unterschied: »Das Schöne ist, in Neuseeland sind irgendwie alle gleich. Es gibt keine typischen Klassifizierungen. Man wird einfach nicht als irgendetwas oder irgendwer eingestuft.« Das Paar hat nach elf Jahren in Aotearoa erst vor kurzem die deutschen Pässe abgegeben und die neuseeländische Staatsbürgerschaft angenommen. »Das ist jetzt unsere neue Heimat und es war für uns der absolut richtige Schritt!« Peter und Sabine Tetzlaff sind sich einig: »In der Maschinerie Deutschland versucht man nur, irgendwie zu überleben, in Neuseeland kann man seine Träume noch leben!«

Emmylou, Sibylle Nickel & Marco Klosen

Auslandserfahrung und Reiselust führten sie nach Neuseeland – Wie sich zwei Deutsche am anderen Ende der Welt kennen lernten

Marco Klosen formt gekonnt die letzte Laugenbrezel. Was es in Deutschland in jeder Bäckerei zu kaufen gibt, ist hier in Neuseeland schon etwas ganz Besonderes. Die vorwiegend deutschen Kunden lieben es, selbst am anderen Ende der Welt ein bisschen »Heimat« einkaufen zu können.

Marco ist Bäckermeister. Vor gut fünf Jahren geht seine langjährige Beziehung in die Brüche. Er will einfach nur aus Deutschland weg und zudem Auslandserfahrung sammeln. Eine Stelle könnte er in Berlin haben, eine in Amerika und dann ist da das Jobangebot aus Neuseeland. »Ich war vorher noch nie *down under*, aber die Aussicht, das Meer direkt vor der Tür zu haben, war einfach verlockend«, erzählt der 37-Jährige rückblickend. Marco ist ein großer Tauchfan und erst kurz zuvor hat ein guter Freund eine Tauchschule auf Tonga aufgemacht, was nur etwa zweieinhalb Flugstunden von Neuseeland entfernt liegt. Die Entscheidung ist gefasst, Marco will zunächst sechs Monate in Aotearoa bleiben. Sein Job führt ihn in die gemütliche Hauptstadt Wellington mit ihren etwa 360.000 Einwohnern, vielen malerischen Hügeln und unzähligen Buchten. Er beginnt ein neues Leben in Eastbourne, einem kleinen Örtchen außerhalb der City.

Sibylle Nickel ist gelernte Schneiderin und Europa-Sekretärin und ständig im Reisefieber. Sie liebt es, die Welt zu erkunden. Die Zeit, die sie in Deutschland verbringen muss, nutzt sie geschickt, um ihren nächsten Trip zu planen. Diesmal zieht sie mit ihrem besten Kumpel Patrick los, der auf Weltreise gehen will. Im Januar 2005 packt Sibylle ihre Koffer, um sich mit Patrick in Neuseeland zu treffen. Sie möchte das Outdoor-Land zweieinhalb Monate lang mit dem Rucksack erkunden. Kurz vor dem Abflug gibt ihr eine Bekannte noch schnell die Nummer von ihrem Exfreund Marco, der bereits seit einiger Zeit in Neuseeland lebt. Denn aus Marcos geplanten sechs Monaten Auslandserfahrung sind mittlerweile vier Jahre geworden. Der Bäcker hat sich richtig gut eingelebt, eine neue Heimat und einen engen Freundeskreis gefunden. Jedes Wochenende trifft er sich mit den Jungs zum Fußballspielen.

Sibylle will die Chance nutzen, auch Deutsche in Neuseeland kennen zu lernen: »Ich habe Marco dann von Taupo aus angerufen und gefragt, ob wir uns nicht irgendwo auf einen Kaffee treffen wollen. Er hat spontan zugesagt«, erzählt sie schmunzelnd. »Als wir dann alle in unserem *Flat White* gerührt haben, fand ich Marco total sympathisch. Mehr nicht.« Nach einem gelungenen gemeinsamen Wochenende ziehen Sibylle und ihr Kumpel Patrick weiter. Sie wollen noch Neuseelands Südinsel sehen. Was bleibt, ist eine lockere Verabredung drei Wochen später, wenn die beiden noch einmal mit der Fähre nach Wellington zurückkehren.

Marco findet Sibylle von Anfang an anziehend, lässt sich aber nichts anmerken. »Ich wollte unbedingt, dass wir uns noch einmal sehen, bevor sie wieder nach Deutschland fliegt«, gesteht der Bäckermeister. Für Sibylle ist es eine komische Konstellation: »Mein Kumpel Patrick hatte einen Weiterflug nach Australien gebucht und ich bin tatsächlich noch bei Marco in Wellington geblieben. Ich fand ihn einfach nur nett und mir hat die Stadt gefallen«, erzählt sie rückblickend. Aus einem kurzen Besuch werden letztendlich fünf Wochen, welche die beiden Deutschen gemeinsam verbringen. Marco zeigt Sibylle die schönsten Ecken und verrät ihr sein ganzes Insiderwissen über Land und Leute. »An einem Abend, etwa zwei Wochen, bevor ich heimgeflogen bin, ist es dann ganz plötzlich passiert«, erinnert sich Sibylle lachend. »Wir sind in die City gefahren, waren schön im ›Bastille‹, einem französischen Lokal, essen und danach noch in einem Club. Am nächsten Morgen sind wir zum gemütlichen Frühstück noch einmal nach *Downtown* gefahren und anschließend ins ›Te Papa‹, das Nationalmuseum, gegangen. Und dann hatte ich auf einmal Schmetterlinge im Bauch – ganz plötzlich.«

Doch nur 13 Tage später kommt der Abschied auf unbestimmte Zeit. Sibylle und Marco fällt die Trennung unendlich schwer, obwohl sie sich noch gar nicht so gut kennen. Die Sehnsucht ist groß. Wenige Monate, nachdem Sibylle wieder nach Deutschland abgereist ist, bucht der Bäcker kurzerhand einen Flug, um sie in Karlsruhe zu besuchen. »Da hat er mich dann gefragt, ob ich mir vorstellen könnte, mit ihm nach Neuseeland zu gehen und dort gemeinsam zu leben.« Sibylle gerät ins Grübeln. »Ich war zu diesem Zeitpunkt arbeitslos, habe nur in einem Callcenter gejobbt. Was hatte ich schon zu verlieren?«

Doch das Schicksal hat noch andere Pläne. Der Bäckermeister ist seit einer Woche wieder in seiner Wahlheimat Eastbourne, als das Telefon klingelt. »Ich bin's, Sibylle«, sagt eine leise Stimme am anderen Ende der Leitung. »Marco, ich bin schwanger«, gesteht die Deutsche ihrem Freund. Ein tiefer Atemzug, Stille in der Leitung. »Es war ein sehr kurzes Gespräch und hat mich all meinen Mut gekostet«, erinnert sich Sibylle. Zwei Stunden später kommt dann Marcos Rückruf. Er hat den ersten Schock überwunden. »Wir werden das gemeinsam schaffen. Und wenn du hier in Neuseeland nicht glücklich bist, gehe ich mit dir zurück nach Deutschland«, beruhigt Marco die Schwangere. Das überzeugt Sibylle. Sie entschließt sich, zu Marco nach Neuseeland zu ziehen, löst ihre Wohnung auf und stellt die Möbel bei ihrer Mutter unter.

Am 19. August 2005 steigt sie in den Flieger, der sie zu ihrem Freund bringt, den sie noch gar nicht lange kennt. Sie weiß überhaupt nicht, was sie erwarten wird. Nur eines ist sicher: Sie wird ihr Kind in der Fremde auf die Welt bringen – weit weg von zu Hause. Glücklich fällt sich das Paar am Flughafen in die

Arme. »Ich bin ja mit einem lachenden und einem weinenden Auge nach Neuseeland gekommen. Die Trennung von meinen engen Freunden und meiner Familie war schon schwierig. Vor allem meine elfjährige Nichte ist für mich wie eine eigene Tochter. Es ist mir so schwer gefallen, das alles einfach hinter mir zu lassen«, erinnert sich die 38-Jährige. Doch die unglaublich schöne Landschaft, das Meer, die gute Luft und die Freundlichkeit der Leute gefallen ihr jeden Tag mehr. »In Mannheim, wo ich zum Schluss gelebt habe, hatte ich das alles nicht. Jeder war genervt, gestresst, die Kinder auf den Spielplätzen waren richtig aggressiv miteinander.«

An vieles muss sich Sibylle auch erst gewöhnen, sich neu orientieren. Das Gesundheitssystem ist zum Beispiel ganz anders als in Deutschland. »Man geht hier nicht zum Frauenarzt, sondern hat nur eine Hebamme, die einen während der Schwangerschaft betreut. Das wusste ich ja alles nicht«, erzählt sie. Am 7. Januar 2006 wird die gemeinsame Tochter Emmylou geboren – fünf Wochen zu früh. Das kleine Mädchen muss zur

Nur eines ist sicher: Sie wird ihr Kind in der Fremde auf die Welt bringen – weit weg von zu Hause.

Spezialbehandlung auf eine Frühchenstation. »Das war eine schwierige Situation, aber alle waren so nett zu mir. Die Menschen in Neuseeland sind so positiv eingestellt und unglaublich hilfsbereit. Das hat mir wirklich gut getan!«

Mittlerweile hat sich Sibylle richtig gut eingelebt und wohnt mit ihrer kleinen Familie in einem Haus mit Meerblick. Sie hat neue Freunde gefunden – Freunde, die ihr helfen, sich endlich wieder zu Hause zu fühlen. Nach mehreren Monaten hat sie sich nun auch getraut, selbst in den großen Familienvan zu steigen und sich im Linksverkehr zurechtzufinden. Jetzt ist sie unabhängig und genießt jeden Tag. »Man fühlt sich gar nicht wie 28.000 Kilometer weit weg von der Heimat. Es ist alles sehr europäisch hier und Neuseeland ist unglaublich kinderfreundlich. Das erleichtert einem das Leben als Mutter sehr.« Sibylle und Marco sind glücklich – glücklich, sich gefunden zu haben, und gespannt auf all die Möglichkeiten, die Neuseeland ihnen noch zu bieten hat.

Marion Deimling & Kai Schubert

Immer der Traube nach…
Auswandern ganz anders

Kai zieht vorsichtig eine Probe des Pinor Noir des letzten Jahrgangs aus einem der kleinen Eichenholzfässer, den so genannten »Barriques«. Dort verbleibt der Spätburgunder 12 bis 18 Monate. Dann kostet der Deutsche den edlen Tropfen, gereift unter neuseeländischer Sonne.

Der 39-Jährige und seine Freundin Marion Deimling haben beide in Geisenheim Önologie und Weinbau studiert und auf verschiedenen Weinbergen in Deutschland und im Ausland gearbeitet. Schon seit langem träumt Kai von einem eigenen Weingut. Die Pinot-Traube hat es den beiden Winzern besonders angetan. Doch die entsprechenden Rebberge im dicht bepflanzten Europa oder gar in Deutschland zu finden, ist schier aussichtslos. Es wird schnell klar, dass Kai und Marion auswandern müssen. Nur wohin?

»Wir wollten einfach etwas Eigenes kreieren, etwas, das wir beeinflussen können, ja im wahrsten Sinne des Wortes ›schaffen‹ können«, erzählt Kai. Weinanbau ist eine teure und sehr gewagte Angelegenheit und so benötigt er für seinen Traum die Unterstützung seiner ganzen Familie.

Zunächst stellt sich für Marion Deimling und Kai Schubert die Frage nach dem richtigen Boden und dem passenden Klima. Wo wächst ihr Favorit am besten? Die bekannten Pinot-Noir-Gebiete Europas, wie beispielsweise das Burgund, scheiden von vorn herein aus. Grund und Boden sind nicht mehr verfügbar und zudem viel zu teuer. Nach langen Auslandsaufenthalten und weiteren Recherchen bereisen Kai und Marion alle in Frage kommenden Gegenden: den Westen der USA, Südamerika und Australien. Mit damals 29 Jahren steigt Kai schließlich erneut in den Flieger – nach Neuseeland. Er war noch nie zuvor in Aotearoa.

»Als ich hier 1998 am Flughafen ankam, erschien mir alles so, wie es in Europa 30 Jahre zuvor gewesen sein musste«, erzählt er heute lachend. »Hier ticken die Uhren eben doch ein bisschen anders. In diesem Land kann man noch etwas erfinden, etwas Neues schaffen, weil es einfach noch nicht alles gibt.« Kai bereist alle Weinregionen im »Land der langen weißen Wolke«, von Matakana im Norden Aucklands bis Central Otago bei Queenstown im Süden der Südinsel. Letztendlich ist es die Region Wairarapa und ganz speziell das kleine Örtchen Martinborough, das spontan seine Augen aufleuchten lässt. Trockenes Klima, die richtigen Böden – hier könnte sein Vorhaben funktionieren. »Als ich das sanfte Grün sah und die bezaubernde

Landschaft, habe ich mich gleich in dieses Fleckchen Erde verliebt«, gesteht er rückblickend. Auch Marion gefällt es hier sofort. Insgesamt nehmen die beiden Deutschen über einhundert Grundstücke unter die Lupe. Schließlich entscheiden sie sich für zwei Areale: einen kleinen Weinberg von knapp zwei Hektar mitten in Martinborough und 40 Hektar Land in der Unterregion East Taratahi, etwas nördlicher gelegen.

Noch im selben Jahr wandern Marion und Kai nach Neuseeland aus, um ihren Traum vom eigenen Weingut zu verwirklichen. »Wenn meine Eltern gewusst hätten, dass es uns in das von Deutschland entfernteste Land der Erde verschlägt, hätten sie sich das mit der Familienunterstützung vielleicht anders überlegt«, sagt Kai schmunzelnd. Die ersten kostbaren Trauben werden gekauft. Obwohl der halbe Ort aus Winzern besteht, konkurrieren hier die Weinbauern nicht miteinander. »Es ist unglaublich. Man hilft sich einfach gegenseitig, arbeitet miteinander«, erzählt Kai, immer noch verblüfft über die Toleranz der Kiwis. Die beiden Zugezogenen werden mit offenen Armen empfangen, leihen sich teure Maschinen erst einmal von den Nachbarn. »Das wäre in Deutschland undenkbar!«, weiß Kai.

Als Laie denkt man oft, wie schön das Leben eines Winzers sei, der täglich genügsam durch seinen Weinberg wandert. Doch weit gefehlt, denn Weinanbau ist harte körperliche Arbeit und das riskante Jonglieren mit dem Klima. Dazu kommt das Heimweh nach Freunden und der Familie. Die ersten Jahre sind die schlimmsten – eine wortwörtliche Durststrecke von bis zu vier Jahren, ehe die ersten Trauben geerntet werden können. Doch anders als in vielen Teilen Europas hat Neuseeland den großen Vorteil, dass gewisse Pilzkrankheiten, wie Peronospora, hier aufgrund der recht trockenen Bedingungen so gut wie unbekannt sind. Die sonst so typischen tierischen Weinschädlinge sind kaum ein Problem und der Einsatz von Insektiziden daher unnötig.

Kai und Marion haben ein glückliches Händchen, ihre Reben gedeihen und die beiden leben sich gut in Neuseeland ein. Ihre neue Heimat Martinborough und die Wairarapa-Region sind noch weitgehend unentdeckt. Kaum ein Reiseführer erwähnt die unberührte und noch ganz urtümliche Gegend Neuseelands, die eineinhalb Autostunden nordöstlich der Hauptstadt Wellington auf der Nordinsel liegt. In ihrer Freizeit entdecken die beiden Deutschen die Flora und Fauna der rauen Ostküste. »Als wir zum ersten Mal am Cape Pallisier mit seinem alten Leuchtturm waren und die vielen Seehunde sahen, da dachten wir, wir sind allein auf der Welt – nur umgeben von unglaublich schöner Natur. Außer uns und den Robben war da keine Menschenseele«, berichtet Kai immer noch völlig begeistert. »Überall lagen die Tiere, einfach so, zum Greifen nah«, fügt er hinzu.

Die Kunden wissen, was sie bei den Deutschen bekommen. Doch die neue Heimat Neuseeland ist mit gut vier Millionen Einwohnern nicht besonders groß. So müssen die beiden ihre Weine auch in andere Länder verkaufen. »Oft sind die Weinanbaugebiete der ›Neuen Welt‹ von den ›Weinseeligen der Alten Welt‹ nicht besonders angesehen«, erklärt der Winzer. Ihm steht eine schwierige Aufgabe bevor: Er muss als neuer

Produzent um den Globus reisen, um seine Weine den Edelkunden anzubieten. Oft ist er bis zu sechs Monate im Jahr in Sachen »Weinmission« unterwegs, während Marion das Gut allein unter ihre Fittiche nimmt.

Doch die Arbeit lohnt sich! Der Pinot Noir der beiden Wahlkiwis ist mittlerweile mehrfach international ausgezeichnet worden. Nach acht Jahren Weinanbau können Marion und Kai sich wirklich auf die Schulter klopfen. Der 39-Jährige hat seine Distribution erfolgreich ausgebaut und exportiert inzwischen pro Jahr 4.000 Kisten seines exklusiven Weins in 21 verschiedene Länder. Eine Erfolgsgeschichte, die Kai und Marion mit Stolz erfüllt: »Unsere Entscheidung, etwas Neues, ganz Eigenes zu schaffen, und das auch noch am schönsten Ende der Welt, haben wir noch keinen Tag bereut!«

Die Kunden wissen, was sie bei den Deutschen bekommen.

Nachwort

Zwischen Fertigstellung des Buchtextes im Dezember 2008 und dem Erscheinungsdatum des Buches im Mai 2009 liegen einige Monate. Einige Daten, insbesondere Aussagen über Zinsniveau und Arbeitslosigkeit, mussten daher noch schnell aktualisiert werden. Der Grundtenor des Buches bleibt jedoch unverändert, denn wie die meisten Wirtschaftsanalysten gehe ich davon aus, dass sich die Konjunktur in Neuseeland wieder normalisieren wird.

Trotzdem lässt sich momentan (April 2009) nicht leugnen, dass die Bauwirtschaft, der Einzelhandel, Hersteller, Exporteure, Tourismus und Gastronomie alle von der allgemeinen Wirtschaftskrise betroffen sind. Die Folgen sind – wie anderswo auch – Entlassungen, Kurzarbeit und steigende Arbeitslosigkeit. Handwerker zum Beispiel, die Anfang 2008 noch mit Handkuss von jedem Arbeitgeber begrüßt wurden, müssen sich Anfang 2009 in eine Schlange mit vielen neuseeländischen Bewerbern einordnen!

Bedeutet das, dass eine Einwanderung nach Neuseeland in den Jahren 2009 und womöglich auch 2010 nicht möglich oder sinnvoll ist? Ganz so krass ist es nicht, denn es gibt auch durchaus Positives zu berichten. Der neuseeländische Dollar ist zum Beispiel momentan auf einem historischen Tiefstand. Das ist gut für die, die Euros mitbringen. Im Februar 2008 bekam man für 100.000 Euro nur circa 190.000 NZ$. Im Februar 2009 waren dagegen 240.000 NZ$ realistisch! Dazu kommt, dass aufgrund der Wirtschaftskrise auch die Hauspreise heruntergehen, was in Neuseeland, historisch gesehen, selten vorkommt. Je nach Region sind die Hauspreise bis zu zwölf Prozent gefallen. Immer häufiger kommt es auch zu Zwangsversteigerungen, weil die Hausbesitzer ihre Hypothekenzinsen nicht mehr abzahlen können. In Zwangsversteigerungen werden Häuser noch deutlicher unter Wert verkauft, als vom allgemeinen Trend vorgezeichnet – eine gute Gelegenheit also für Schnäppchen!

Eine Frage ist natürlich berechtigt: Was nützt es, wenn man in seinem schönen Haus sitzt, das man günstig erworben hat, aber keine Arbeit und folglich kein Einkommen hat? Hier dürfte die Zeit für einen arbeiten. Das Einwanderungsprozedere ist ein Prozess, der sich nicht von heute auf morgen abwickeln lässt. Wer heute die ersten vorbereitenden Schritte zur Einwanderung unternimmt, kann die berechtigte Hoffnung hegen, dass im Zeitpunkt der Übersiedlung bessere Bedingungen auf dem Arbeitsmarkt herrschen werden. Folgende Gründe unterstützen die Hypothese:

Die Bauwirtschaft sollte sich in absehbarer Zeit wieder erholen, da erstens die Regierung ein Maßnahmenpaket, insbesondere zur Stimulierung der Bauwirtschaft, verabschiedet hat. Zweitens zeichnet sich jetzt schon ein Engpass auf dem Wohnungs- und Hausmarkt ab. Noch im Laufe des Jahres 2009 ist damit zu rechnen, dass die Häuser, die auf dem Markt sind, nicht den Bedarf decken können, der nicht zuletzt aufgrund der Einwanderer aus aller Welt entsteht. Drittens wird es in absehbarer Zeit auch wieder Kredite für Bauprojekte geben, denn Investoren finden wieder Geschmack an Finanzfirmen, die stark an der Finanzierung von Bauprojekten beteiligt sind, da die Regierung die Einlagen garantiert und die Zinsen attraktiv sind. Auch die Banken werden irgendwann wieder Kredite gewähren, denn schließlich ist der Verkauf von Geld ja ihr Geschäft, ohne das sie nicht überleben können!

Das Ankurbeln der Baukonjunktur wird sich positiv auf die allgemeine Wirtschaft inklusive Arbeitsmarkt auswirken. Aber auch sonst ist Neuseeland recht gut gerüstet. Der Leitzinssatz liegt hier zurzeit (April 2009) bei 3,0 Prozent. Das ist ein guter Puffer, verglichen mit den 0 bis 0,25 Prozent der *Federal Reserve Bank* in den USA, und ermöglicht der neuseeländischen Zentralbank noch weitere Zinssenkungen in der Zukunft.

Trotz der auch in Neuseeland steigenden Arbeitslosigkeit ist die Arbeitslosenquote im internationalen Vergleich niedrig. Zurzeit (April 2009) liegt die Quote bei 4,6 Prozent. In den Jahren davor lag die Arbeitslosigkeit stets unter 4 Prozent. Von Entlassungen besonders hart betroffen sind in erster Linie unqualifizierte Arbeitskräfte. Neuseeland braucht immer noch qualifizierte Fachkräfte, auch wenn Unternehmer sich momentan mit Neuanstellungen zurückhalten. Mittel- bis langfristig werden aber auch neuseeländische Unternehmer ihre abwartende Position aufgeben müssen und wieder qualifizierte Fachkräfte einstellen.

Dass Neuseeland (und der Rest der Welt) sich wieder wirtschaftlich erholen, scheint niemand glaubhaft zu bezweifeln. Die Frage ist nur, wie lange es dauern wird. Als Einwanderer hat man zwei Möglichkeiten, man kann entweder in Ruhe auf dem »Seitenstreifen« abwarten, bis die »konjunkturelle Ampel« wieder auf Grün schaltet, oder man kann die Zeit nutzen und schon einmal den Gang einlegen, damit man bei Grün auch gleich losfahren kann.

In Krisenzeiten trennt sich die Spreu vom Weizen oder anders ausgedrückt: Es wird Gewinner und Verlierer geben. Wer sich in Krisenzeiten gut für die Zukunft positioniert, hat die besten Chancen, am Ende als Gewinner dazustehen. Dieses allgemeingültige »Erfolgsrezept« gilt auch für Einwanderungsaspiranten – wer als Erster in die Gänge kommt, ist vorne mit dabei, wenn die Wirtschaft wieder aktiv wird.

Maorischnitzerei in Waitangi

FAQ

Verliert man die deutsche Staatsangehörigkeit mit der Einwanderung?

Nein, zuerst erhält man einen Residence Permit, der keinen Einfluss auf die Staatsangehörigkeit hat.

Kann ich als Rentner einwandern?

Nein, es gibt keine Einwanderungskategorie, die speziell für Rentner gilt. Wer ausreichend Kapital für die Global Investor Category (siehe Seite 63 ff.) vorweisen kann, darf auch im Rentenalter einwandern. Die National Party, die seit November 2008 die Regierung bildet, erwägt zurzeit die Einführung einer Rentnerkategorie.

Außerdem besteht die Möglichkeit, mit einem Touristenvisum für gewisse Zeit in Neuseeland zu leben. Mit diesem darf man sich neun Monate in einem Zeitraum von 18 Monaten in Neuseeland aufhalten.

Ich bin finanziell unabhängig und finanziere mein Leben mit einer Rente aus Deutschland, die auch in Neuseeland ausgezahlt wird – gibt es nicht doch eine Möglichkeit, in Neuseeland langfristig zu leben?

Nein, die im Buch aufgeführten Einwanderungskategorien sind abschließend. Selbst wer dem neuseeländischen Staat garantiert nicht auf der Tasche liegt, kann daraus kein Aufenthaltsrecht ableiten!

Erhalte ich Punkte, wenn ich mich in Neuseeland selbstständig mache?

Nein, man bekommt keine Punkte gemäß der Skilled Migrant Category angerechnet, wenn man sich in Neuseeland selbstständig macht. Siehe aber Kapitel 3.3 (Entrepreneur Category).

Wie lange dauert das *Permanent-Residence*-Verfahren?

Jeder Antrag ist unterschiedlich und die Bearbeitungszeiten schwanken. Man sollte mit einer Verfahrensdauer von mindestens drei bis sechs Monaten rechnen. Bei Residence-Anträgen anhand der Skilled Migrant Category, denen kein Job Offer zu Grunde liegt, muss man mit neun bis zwölf Monaten rechnen.

Kann die ganze Familie einwandern?

Ja, die ganze Familie (also Frau und abhängige Kinder) ist vom Residence Permit umfasst. Aber aufgepasst bei Patchwork-Familien: Wenn alleiniges Sorgerecht und/oder Zustimmung des Ex-Partners nicht vorliegen, können die betroffenen Kinder nicht mit einwandern!

Wie viele Urlaubstage sind üblich in Neuseeland?

Die gesetzliche Mindesturlaubszeit liegt seit 2007 bei vier Wochen (davor waren es nur drei Wochen) jährlich, zuzüglich elf gesetzlicher Feiertage.

Besteht eine Wehrpflicht in Neuseeland?

Nein, es besteht keine Wehrpflicht.

Kann man als Ausländer Immobilien erwerben?

In der Regel ja. Handelt es sich jedoch um spezielle Grundstücke, die einen besonderen Wert für Neuseeland darstellen, muss man vor dem Erwerb einen Antrag beim OIO (Overseas Investment Office) stellen. Diese Situation liegt zum Beispiel vor, wenn das zu erwerbende Grundstück ein Meeresgrundstück oder ein Grundstück an einem Flussbett ist, das Land sich auf einer besonders gelisteten Insel befindet oder das Landgebiet größer als fünf Hektar ist. Weitere Informationen sind unter www.linz.govt.nz/overseas-investment zu finden.

Kann man deutsches Fernsehen in Neuseeland sehen?

Nur begrenzt. Man kann in einigen Regionen die »Deutsche Welle« über TV empfangen. Die »Deutsche Welle« ist eine Rundfunkanstalt, die in vier Sprachen Fernsehprogramme weltweit sendet sowie Hörfunkprogramme und ein umfangreiches Internet-Angebot produziert. Sie ist damit das deutsche Gegenstück zu traditionellen Sendern wie »BBC World Service«. Die »Deutsche Welle« ist Mitglied der ARD. Außerdem hat man die Möglichkeit, deutsches Fernsehen über das Internet zu empfangen.

Wie hoch ist die Stromspannung in Neuseeland und benötige ich einen Adapter?

Die elektrische Spannung in Neuseeland beträgt 230/240 Volt. Alle elektrischen Geräte aus Deutschland funktionieren hier einwandfrei. Es gibt vereinzelt auch Steckdosen mit 110 Volt, die allerdings nur für Rasierapparate geeignet sind. Für die hiesigen Steckdosen braucht man einen Adapter, den man in jedem Baumarkt kaufen kann.

Peter Hahn mit seiner Frau und seinen beiden Kindern.

Der Autor

Peter Hahn ist ein ehemaliger Rechtsanwalt aus Berlin, der seit 1992 mit seiner Familie in Wellington lebt. Nach dem Jurastudium in Berlin arbeitete er bis zur Auswanderung nach Neuseeland als Rechtsanwalt für eine »Ku'damm-Kanzlei«. Er ist Geschäftsführer zweier Beraterfirmen, *Hahn & Associates Ltd* und *New Zealand Companies and Trust Services Ltd*, und schreibt regelmäßig Artikel in den Publikationen »Neuseeland News« und »360° Neuseeland«. Er ist ein gefragter Neuseeland-Spezialist für alle, die mit dem Gedanken spielen, nach Neuseeland auszuwandern, dort Geschäfte zu machen oder zu investieren. Direkt am Strand in Eastbourne, Wellington, lebt er mit seiner neuseeländischen Frau und zwei Kindern den Kiwi-Lifestyle, von dem viele seiner Kunden träumen. Viele hundert Deutsche haben sich anstecken lassen und sind mit seiner professionellen Unterstützung nach Neuseeland ausgewandert.

www.peterhahn.co.nz

www.nzcts.co.nz

www.neuseeland-news.com und www.360grad-neuseeland.de

Neuseeland

Versicherungen & Investments Ltd

Peter Tetzlaff, Dip BS, member IFA

-Lebens– und Krankenversicherung
-Investment in Neuseeland und Australien
Für Einwanderer und Investoren aus Deutschland

E-mail ptetzlaff@milestonefinancial.co.nz
Website www.petertetzlaff.com

Das sagen unsere Kunden:
"Wer Hilfe in Sachen Krankenversicherung, Investment, Kiwi Saver etc benötigt, der sollte sich an Peter Tetzlaff wenden",
Peter und Marion Gahlert aus Auckland.

www.neuseelandhaus.de

Das Neuseelandhaus Inh. Barbara Kuhfuß
Werner Str. 191 D-59192 Bergkamen
Tel.: (+49) 02307/86075 Fax: 87777
eMail: info@neuseelandhaus.de

DAS NEUSEELANDHAUS

Online-Shop im Internet: www.neuseelandhaus.de
Forum zum Thema Neuseeland: www.neuseelandforum.net
Kostenloser Newsletter: www.neuseeland-newsletter.de

Wein Geschenke Schmuck
Naturkosmetik Manukaprodukte
Honig mit der Heilkraft der Natur

Öffnungszeiten: Dienstag - Freitag 16 - 19 Uhr, Samstag 10 - 13 Uhr (Montag geschlossen)